Julia Grosse
Judith Reker
Versteh mich nicht falsch!

W0418496

PIPER

Zu diesem Buch

Ein und dieselbe Geste bedeutet in einem Land »Alles klar!«, im nächsten ist sie eine vulgäre Beleidigung. Julia Grosse und Judith Reker haben die Welt bereist und bekannte, feine, freche und kuriose Gesten gesammelt. Ein praktischer und unterhaltsamer Führer durch die Weiten der wortlosen Sprache.
Weitere Informationen und Kontaktadressen finden Sie unter www. verstehmichnichtfalsch.de

Judith Reker, geboren 1967, lebt nach Stationen in London, Ägypten und Kenia in Johannesburg. Sie ist freie Journalistin und Autorin.
Julia Grosse, geboren 1976, lebt als freie Journalistin in London. Sie schreibt für die »tageszeitung«, »Frankfurter Allgemeine Sonntagszeitung«, »AD« und »Monopol«.
Florian Bong-Kil Grosse arbeitet als Fotograf in Berlin.

Julia Grosse
Judith Reker

Versteh mich nicht falsch!

Gesten weltweit. Das Handbuch

Mit 77 Farbfotografien von Florian Bong-Kil

Piper München Zürich

Mehr über unsere Autoren und Bücher:
www.piper.de

Der Inhalt wurde sorgfältig recherchiert, bleibt aber ohne Gewähr für Richtigkeit und Vollständigkeit.

MIX
Papier aus verantwortungsvollen Quellen
FSC® C083411
FSC www.fsc.org

Ungekürzte Taschenbuchausgabe
Mai 2012

Die Originalausgabe erschien 2010 im Bierke Verlag, München
Umschlag: semper smile, München
Fotos Umschlag und Innenteil: Florian Bong-Kil Grosse
Design: Heimann und Schwantes, Berlin
Druck und Bindung: CPI – Clausen & Bosse, Leck
Printed in Germany ISBN 978-3-492-27305-3

Kommt eine Reporterin in Kairo in eine Buchhandlung und fragt den Buchhändler auf Arabisch nach einem bestimmten Roman. Doch statt einer Antwort legt dieser die Fingerspitzen seiner Hand zu einer leicht aggressiven Geste zusammen und verschwindet im Hinterzimmer. Die Geste bedeutet: „Was willst du eigentlich!" Denkt zumindest die Reporterin, denn so kennt sie das Handzeichen aus Italien. Dabei steht es in Ägypten für etwas ganz anderes, nämlich die höfliche Aufforderung: „Einen Moment, bitte."

Auf unseren Reportagereisen sind uns solche Missverständnisse mehr als einmal passiert, und mit jedem weiteren wuchs unser Respekt vor der Sprache der Hände. Wir begannen, unterwegs und in Gesprächen mit Freunden und Kollegen, feine, freche, bekannte und kuriose Gesten aus aller Welt zusammenzutragen. Entstanden ist eine sehr persönliche Sammlung, ein kleines Handbuch im doppelten Sinn, das die Navigation durch die weite Welt der wortlosen Sprache ein bisschen erleichtern will.

Wir geben Beispiele aus jedem vierten der rund 200 Länder der Erde, und weil uns der ganze Globus interessiert, stehen wirtschaftliche und geopolitische Schwergewichte wie China und die USA neben Ländern, aus denen viel zu selten berichtet wird, etwa Vietnam und Zimbabwe.

Natürlich halten sich viele Gesten überhaupt nicht an Landesgrenzen. Teenager mit Internetzugang benutzen den gleichen Handshake von Nairobi bis Nürnberg. Gleichzeitig existieren oft innerhalb eines Landes mehrere Gesten mit ein und derselben Bedeutung. Achten Sie einmal darauf, was Ihre Nachbarn, die Gemüsehändlerin und der Fernsehmoderator zur Begrüßung mit den Händen machen.

Und weil das weltweite Spiel der Hände so vielfältig ist, lassen wir Ihnen auf jeder Seite Platz für eigene Beobachtungen.

Julia Grosse, London
Judith Reker, Johannesburg

Eins.

Deutschland

Österreich

Schweiz

Alles klar!

Großbritannien
....
Korea
....
Südafrika
....

....

....

....

[redacted]

* Vulgäre Beleidigung

Afghanistan

....

Irak

....

Iran

....

....

....

....

Nimm mich mit!

*** Anhalter am Straßenrand**

Kanada

....

Mexiko

....

Schweden

....

....

....

....

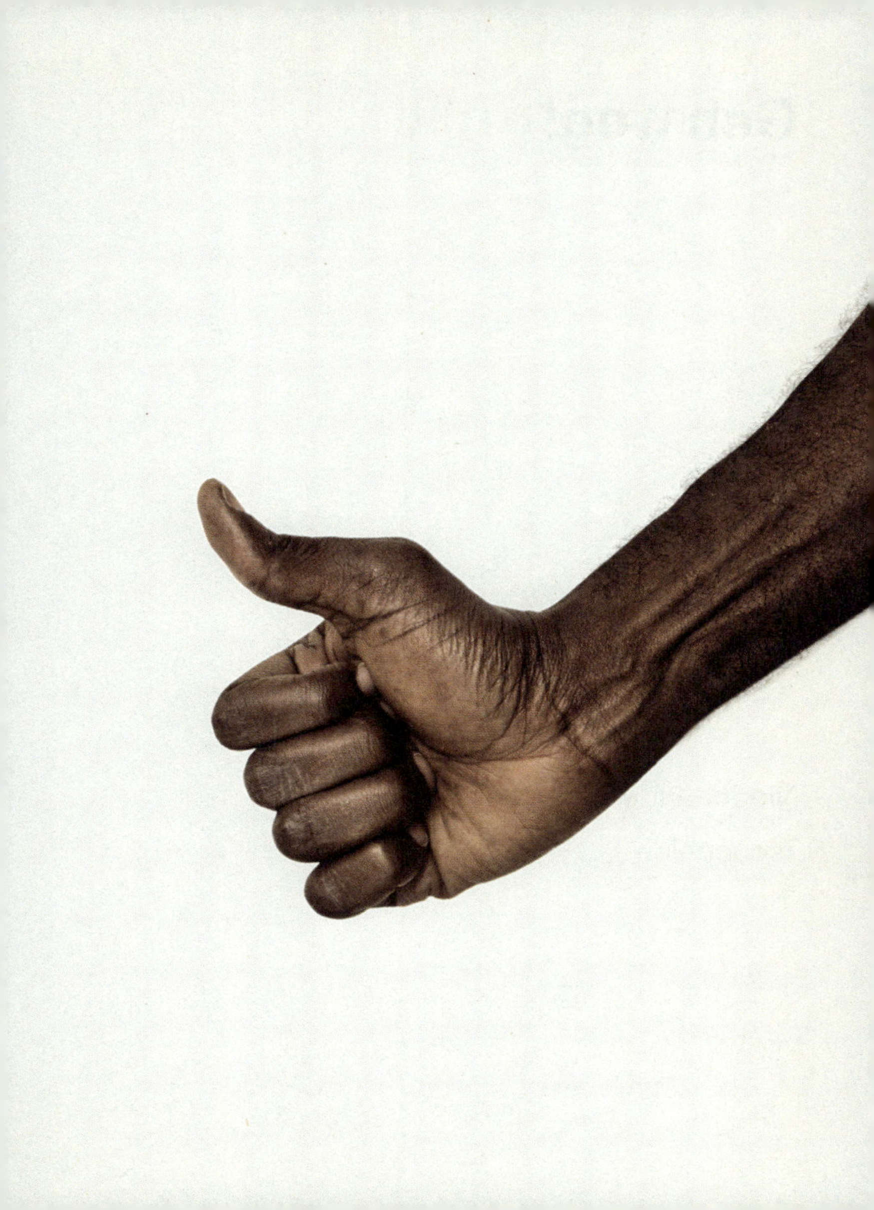

Geh weg!

Niederlande
. . . .
Tschechien
. . . .

. . . .

. . . .

. . . .

. . . .

Komm her!

Ghana

. . . .

Philippinen

. . . .

Vietnam

. . . .

. . . .

. . . .

. . . .

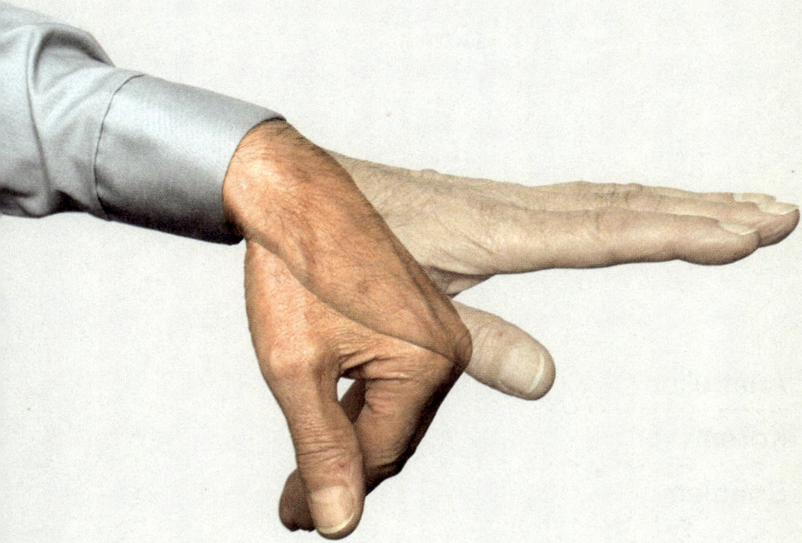

Zwei.

Australien
. . . .
Korea
. . . .
Spanien
. . . .

. . . .

. . . .

. . . .

Sieg!

Das „V" für „Victory", „Sieg", ist ein aufschlussreiches Bild für die Dialektik von Krieg und Frieden. Englands Premierminister Winston Churchill und später US-Präsident Richard Nixon zeigten die Geste und meinten: Unsere Armee wird siegen! In den 60er Jahren deuteten die Pazifisten der Anti-Vietnamkriegs-Bewegung das „V" einfach um: Frieden wird siegen! Heute ist das Zeichen allgegenwärtig: auf Open-Air-Konzerten ebenso wie auf Friedensdemos, bei amerikanischen Soldaten genauso wie bei Wählern im Irak.

Iran

. . . .

USA

. . . .

. . . .

. . . .

. . . .

. . . .

Peace!

Irak
. . . .
USA
. . . .

. . . .

. . . .

. . . .

. . . .

[redacted]

*** Vulgäre Beleidigung**

Als der ehemalige US-Präsident George Bush im Jahr 1992 durch Australien reiste, machte er das „V" mit dem Handrücken nach vorn. In den USA ist es einerlei, wie herum die Hand gehalten wird, es ändert nichts an der Bedeutung. Ganz anders in Australien und in einigen anderen Ländern: Dort kommt die Geste einer Art doppeltem „Stinkefinger" gleich, und entsprechend wütend gaben die Menschen die Beleidigung zurück.

Großbritannien

Irland

Neuseeland

Hör auf zu quatschen! Du wiederholst Dich!

Argentinien

....

....

....

....

....

....

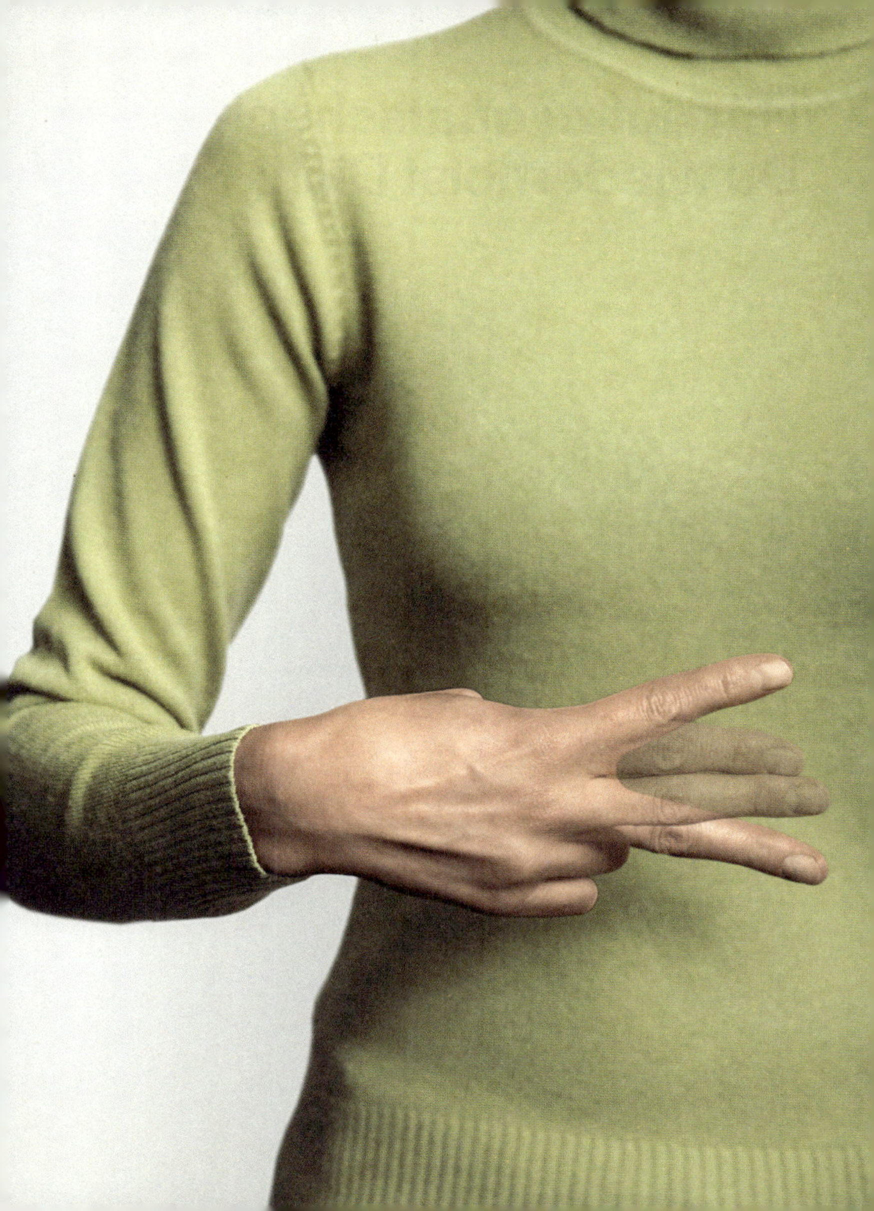

[Hasenohren]

*** Höhepunkt steifer Gruppenfotos**

Japan
....
Österreich
....
USA
....

....

....

....

Eins.

Kenia

....

Kirgisistan

....

....

....

....

....

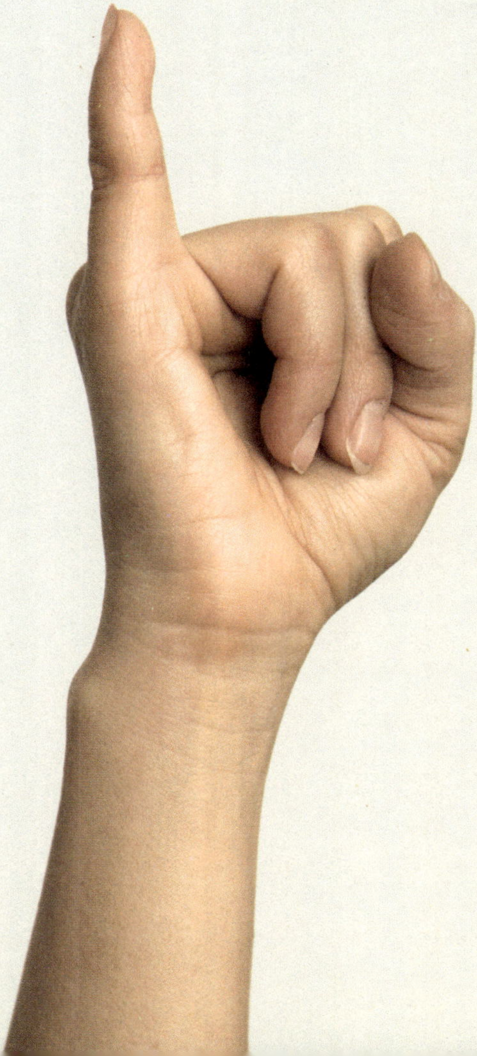

Mager. Klein.

***Personen, Dinge**

Italien

....

....

....

....

....

....

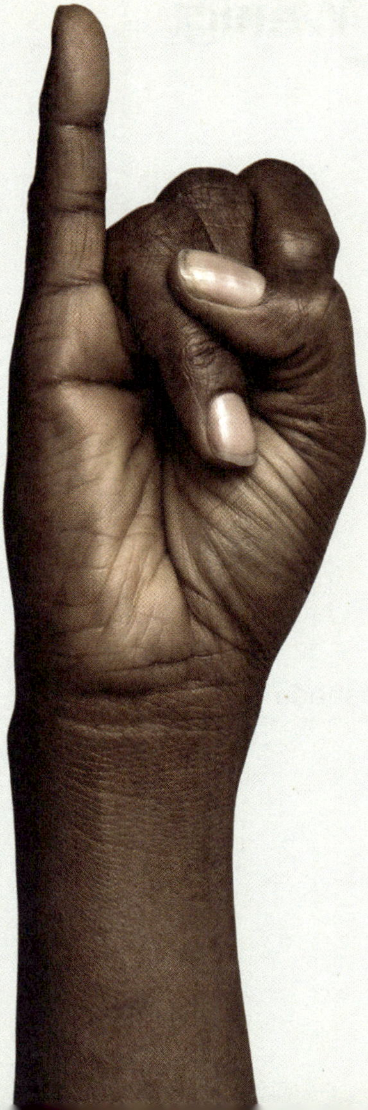

Klein. Wenig.

*Personen, Dinge

Kongo-Kinshasa

....

....

....

....

....

....

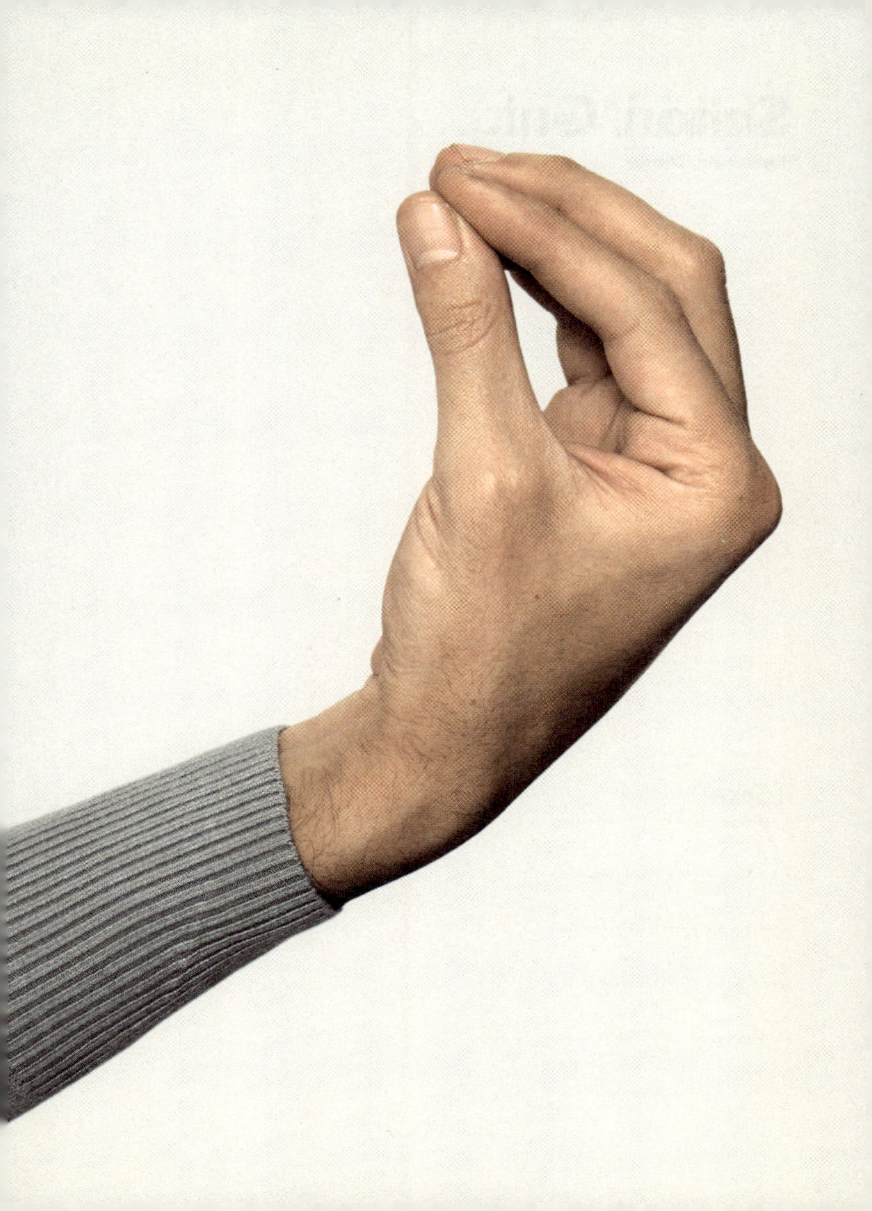

Schön. Gut.

*Personen, Dinge

Türkei

....

....

....

....

....

....

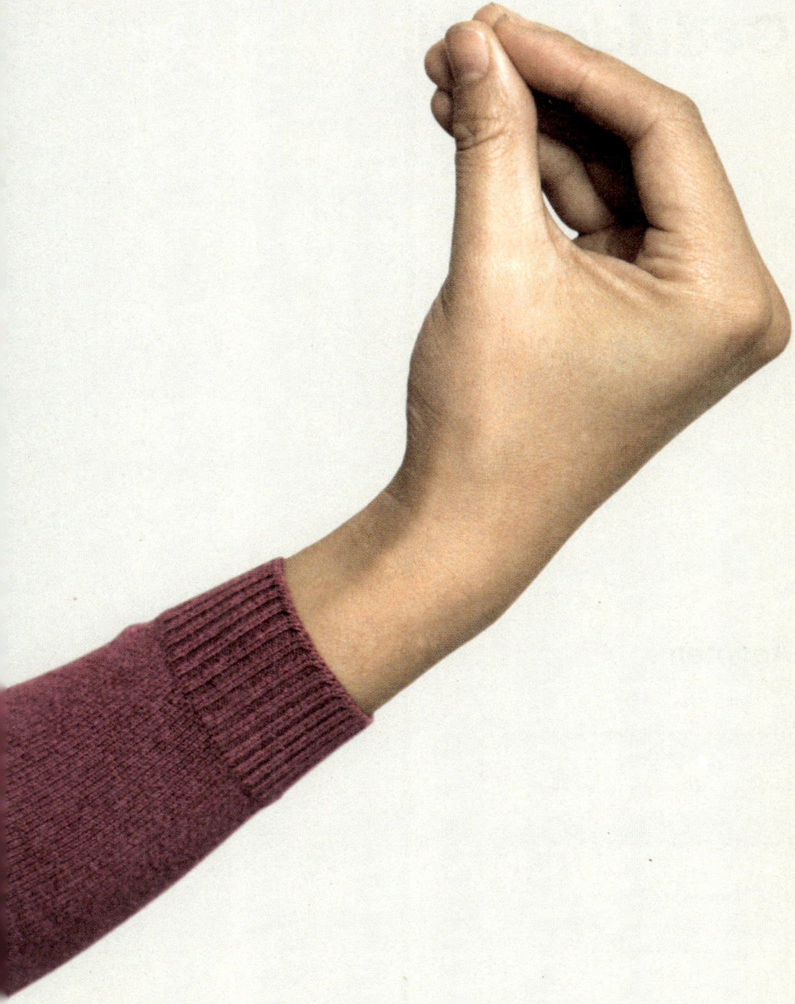

Einen Moment! Gedulde dich!

Ägypten
....

....

....

....

....

....

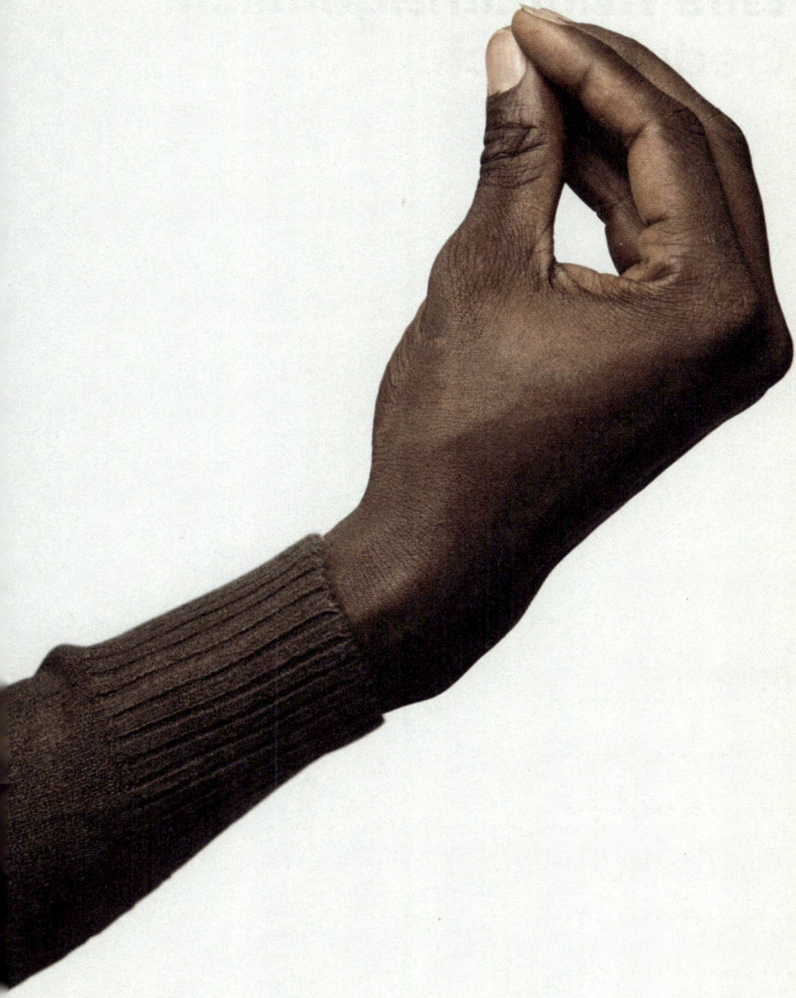

Was willst du eigentlich!

Italien

. . . .

. . . .

. . . .

. . . .

. . . .

. . . .

Deine Frau geht fremd.

Die zwei ausgestreckten Finger symbolisieren Hörner, die eine „untreue" Frau ihrem ahnungslosen Gatten aufsetzt. Während der Aufnahme eines Gruppenfotos bei einem EU-Gipfel in Spanien im Jahr 2002 zeigte Italiens Ministerpräsident Silvio Berlusconi hinter dem Kopf des spanischen Außenministers Josep Piqué eben diese Hörner und erntete dafür, einmal mehr, Kritik.

Italien

....

....

....

....

....

....

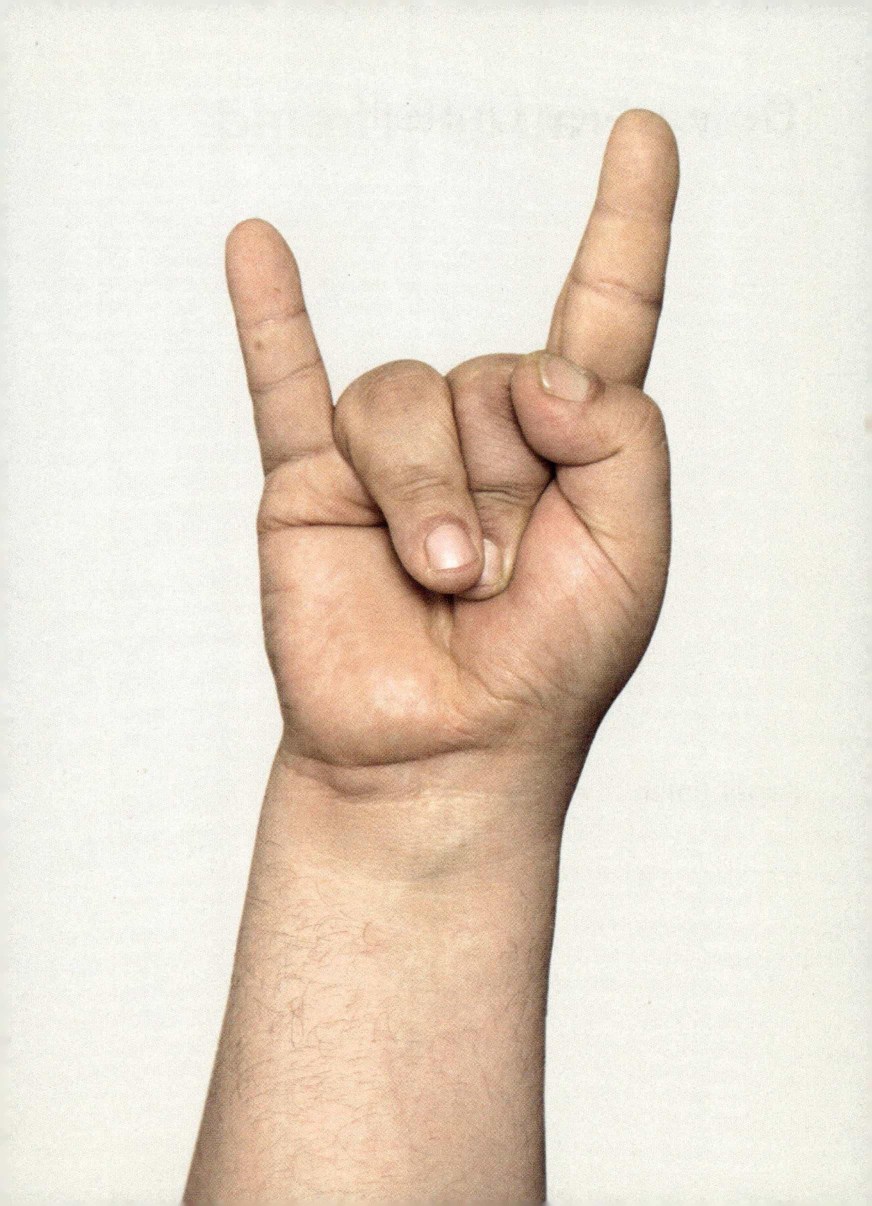

[Schutz vor Unheil]

Argentinien

....

....

....

....

....

....

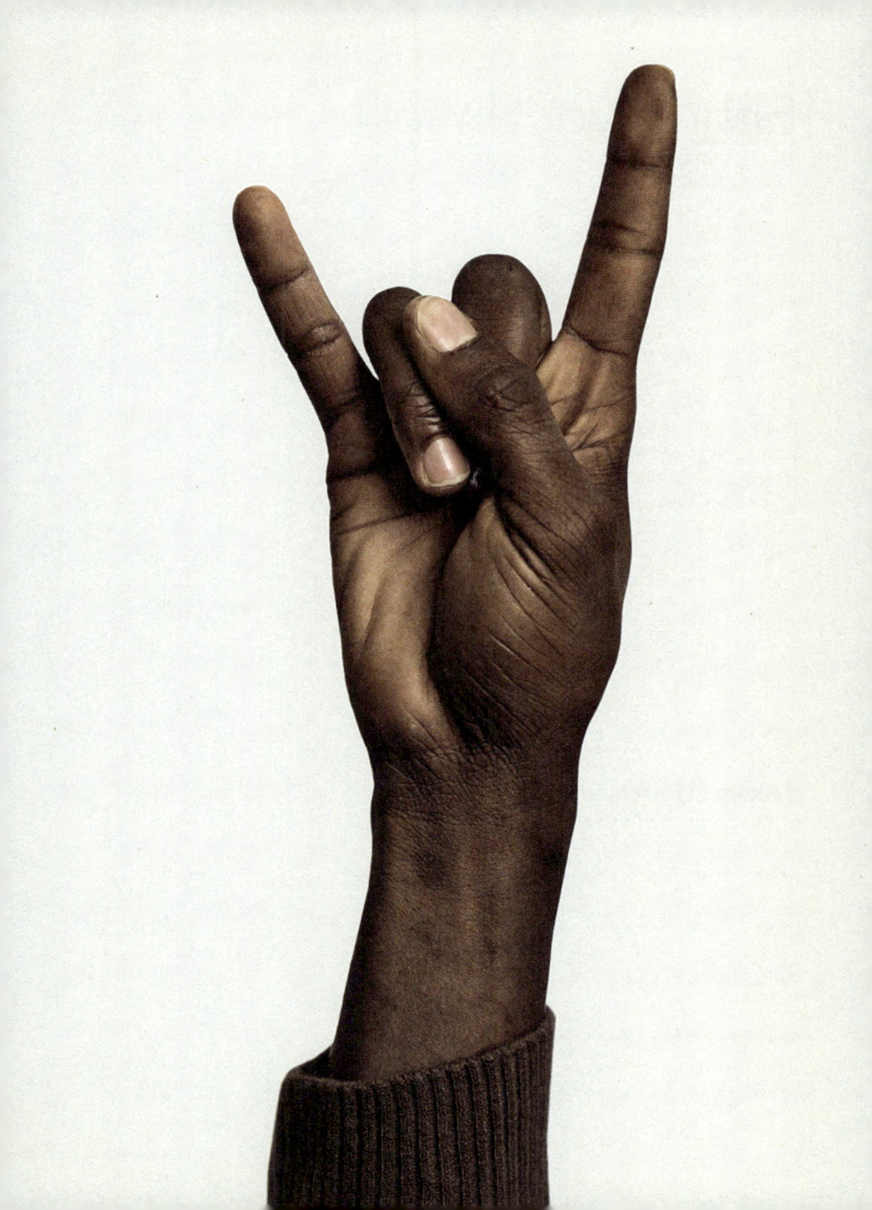

Hi!

George W. Bush und seine Familie hielten diese Geste als Gruß dermaßen häufig in die nationalen und internationalen Kameras, dass sich die Medien belustigt fragten: Was haben die Bushs mit Heavy Metal am Hut? Dabei demonstrierten sie ihren Lokalpatriotismus. Die Finger symbolisieren das Texas Longhorn, eine Rinderart: Es ist das Maskottchen der University of Texas at Austin.

Texas (USA)

....

....

....

....

....

....

Das rockt!

Deutschland
....
Russland
....
USA
....

....

....

....

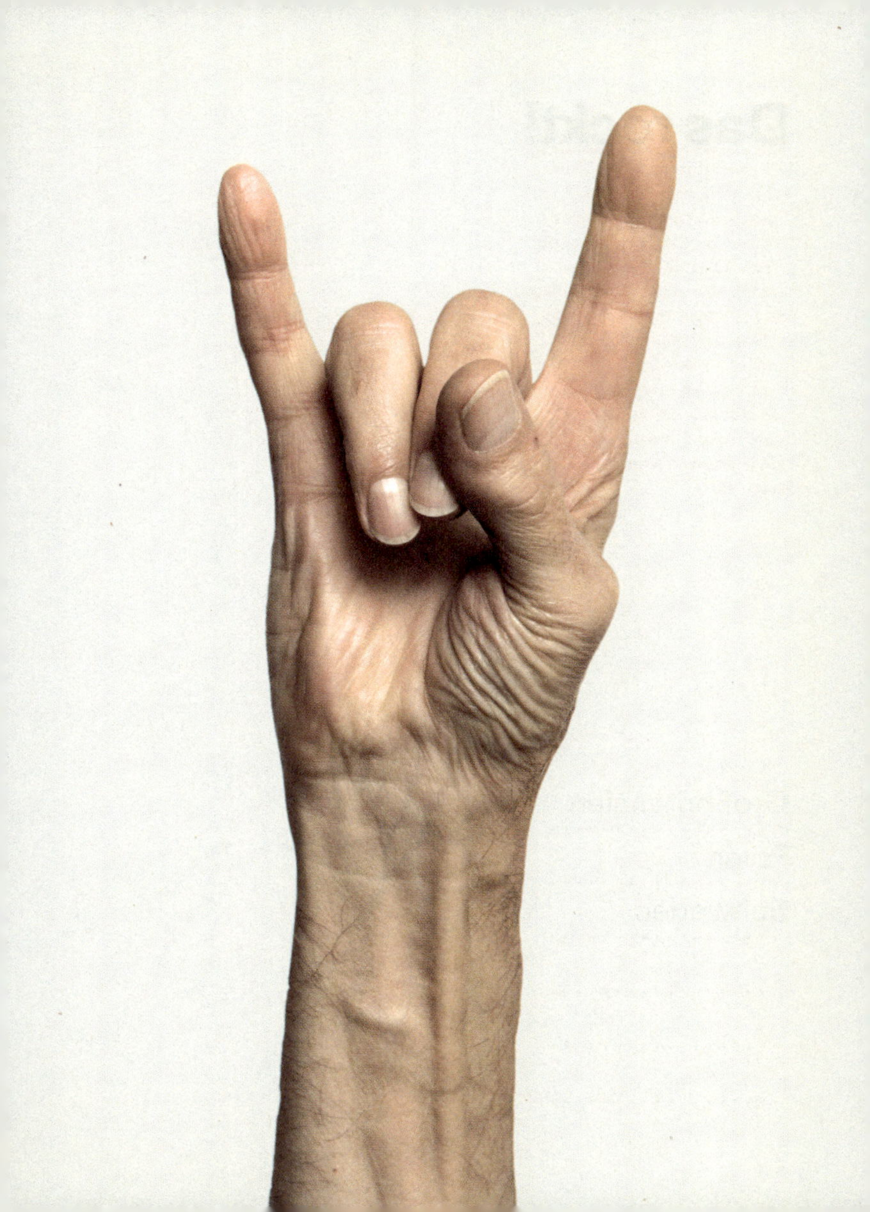

Das rockt!

Wer hat die Geste in den Heavy Metal gebracht? Darüber streitet die Szene bis heute. Einer der Ersten war angeblich Ronnie James Dio von Black Sabbath, der sie seiner abergläubischen italienischen Großmutter abgeschaut haben soll. Inzwischen sieht man die „Metal Horns" bei jeder Teenager-Castingband, die ein bisschen unangepasst sein will.

Großbritannien
. . . .
Polen
. . . .
Schweden
. . . .

. . . .

. . . .

. . . .

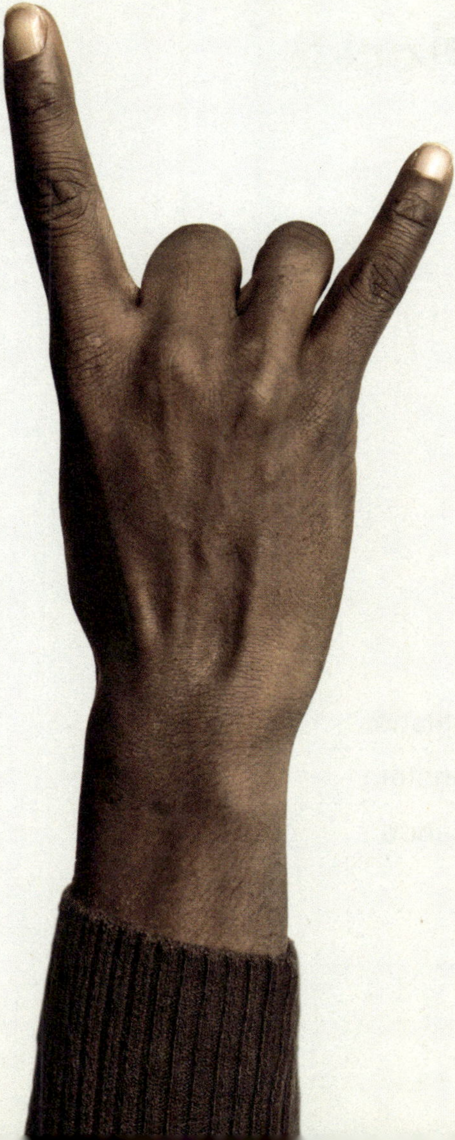

Zwei.

Deutschland
....
Liechtenstein
....
Niederlande
....

....

....

....

Acht.

China

. . . .

. . . .

. . . .

. . . .

. . . .

. . . .

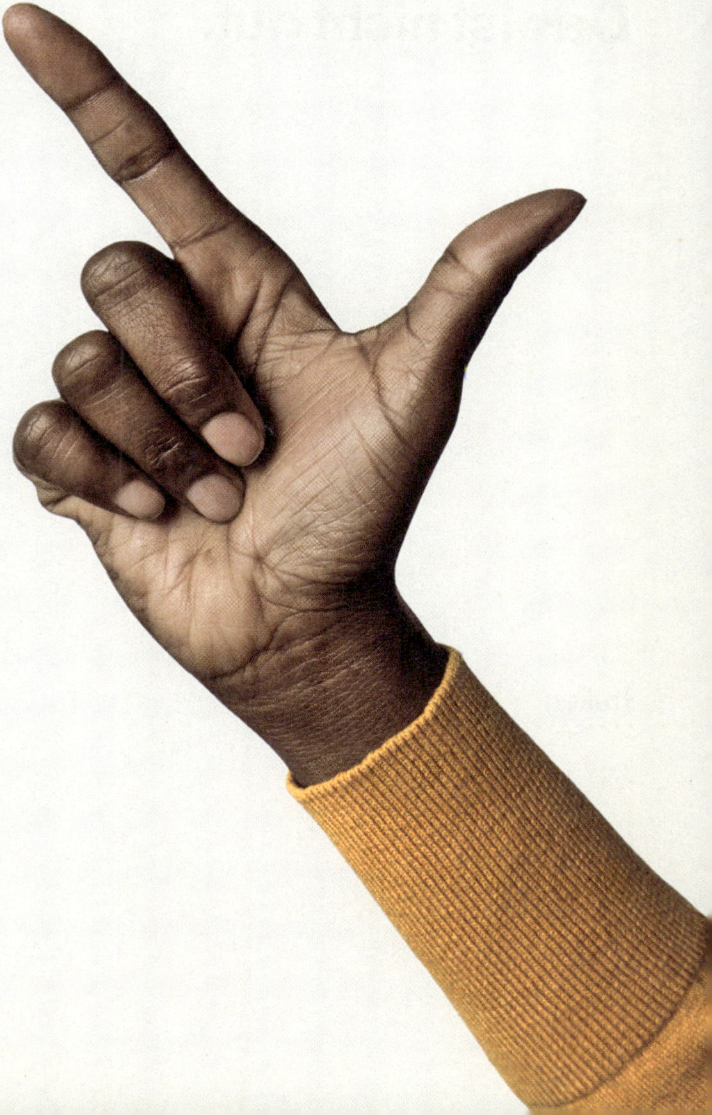

Das ist nicht gut.

Italien
....

....

....

....

....

....

Du Versager!

Wenn jemand Ihnen dieses Zeichen entgegenhält, meint er damit definitiv keine „Zwei“. Die Geste stellt ein großes „L“ dar und bedeutet „Loser“, „Versager“. Wir haben sie bei Kenianern ebenso wie bei Amerikanern gesehen. Zu verdanken hat die Welt sie wahrscheinlich Jim Carrey, der das „L“ 1994 im US-Kinohit „Ace Ventura“ zu seinem Markenzeichen machte.

Großbritannien
. . . .
Kenia
. . . .
USA
. . . .

. . . .

. . . .

. . . .

Mächtig Glück gehabt!

Diese Geste begleitet den Ausruf „Que culo!", wörtlich übersetzt: „Was für ein Arsch!" Dementsprechend markieren die Hände die Größe eines – fiktiven – Hinterteils. Wie groß der angedeutete Popo ist, hängt vor allem vom Temperament der gestikulierenden Person ab.

Argentinien

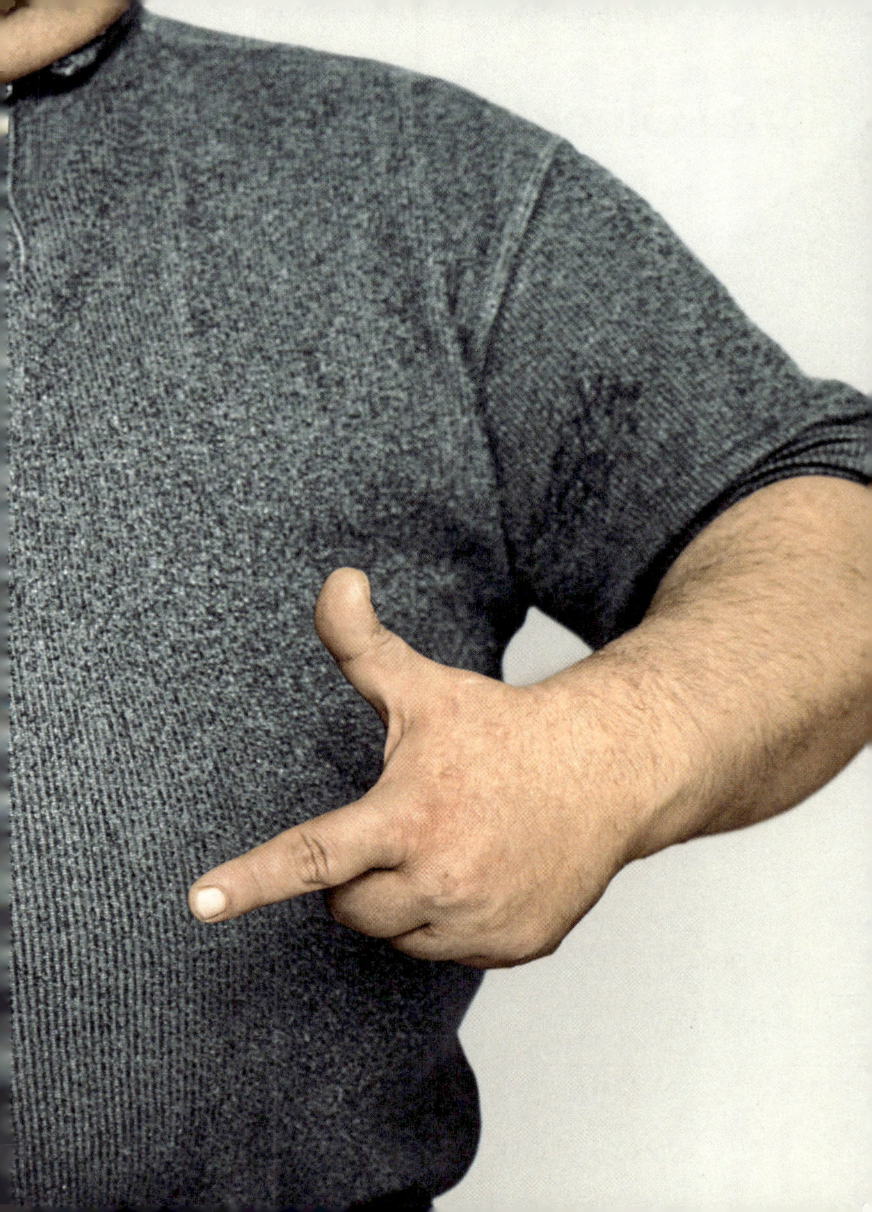

Viel Glück!

Bulgarien

Österreich

Viel Glück!

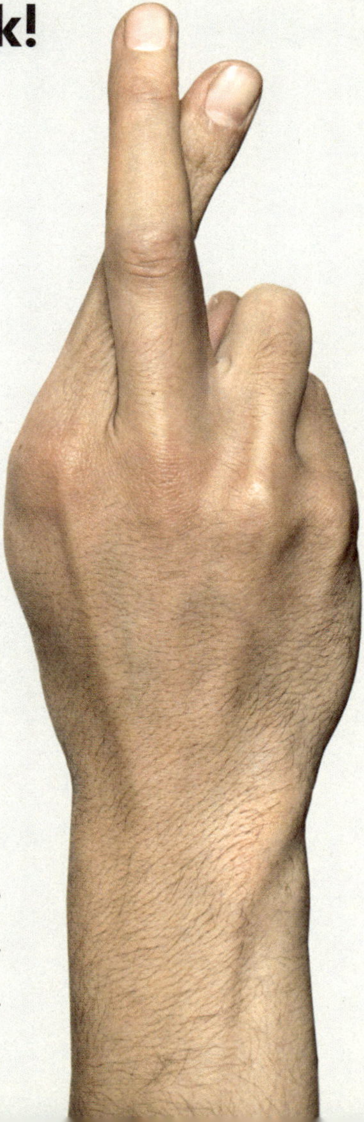

Brasilien

Kanada

Zehn.

China

....

....

....

....

....

....

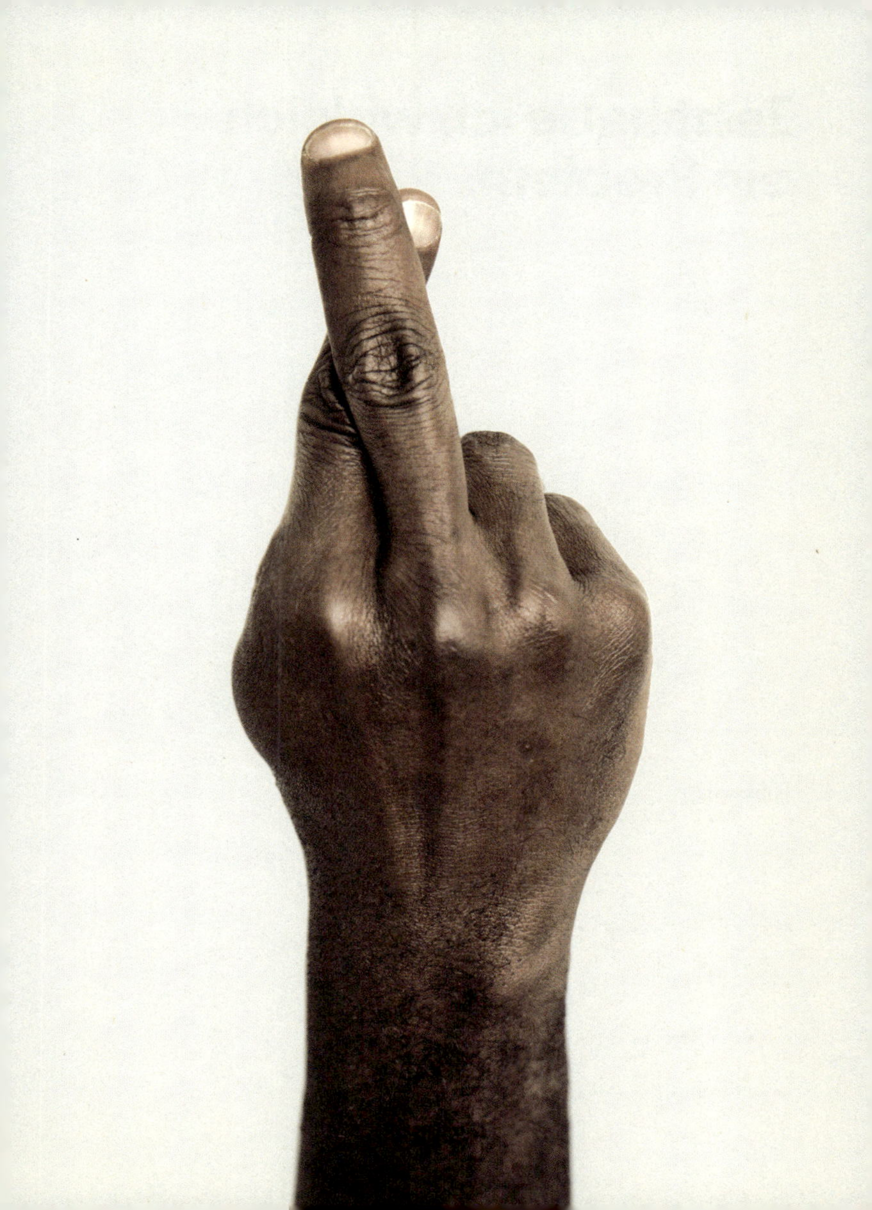

Jetzt habe ich wirklich ein Problem.

Brasilien
....

....

....

....

....

....

Es ist voll.

*z. B. Parkplatz, Disko

Kuba
....
Südafrika
....

....

....

....

....

Schluss jetzt, genug diskutiert!

Argentinien

....

....

....

....

....

....

1

China

....

....

....

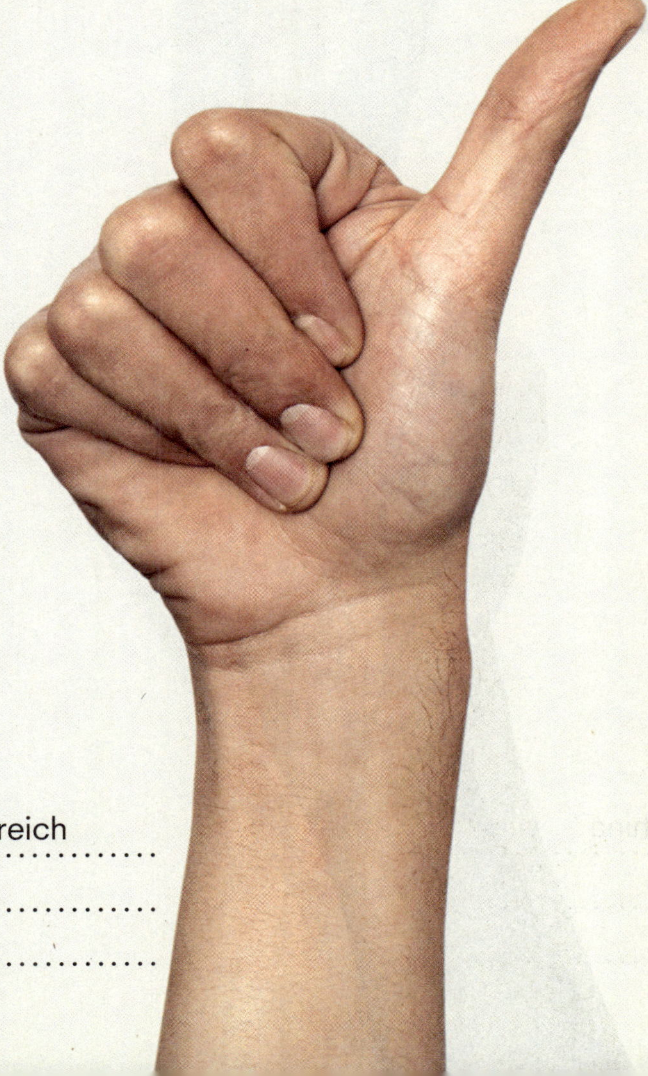

Frankreich

2

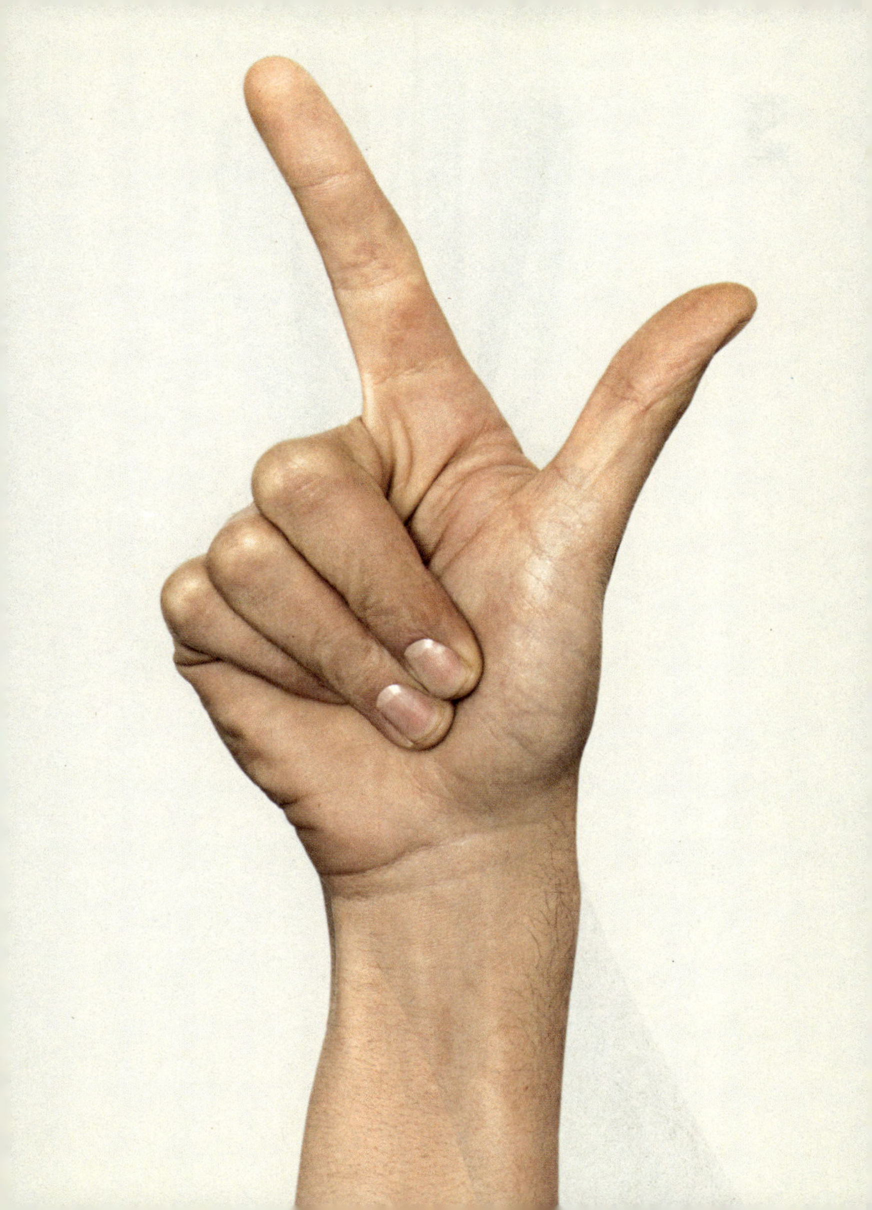

3

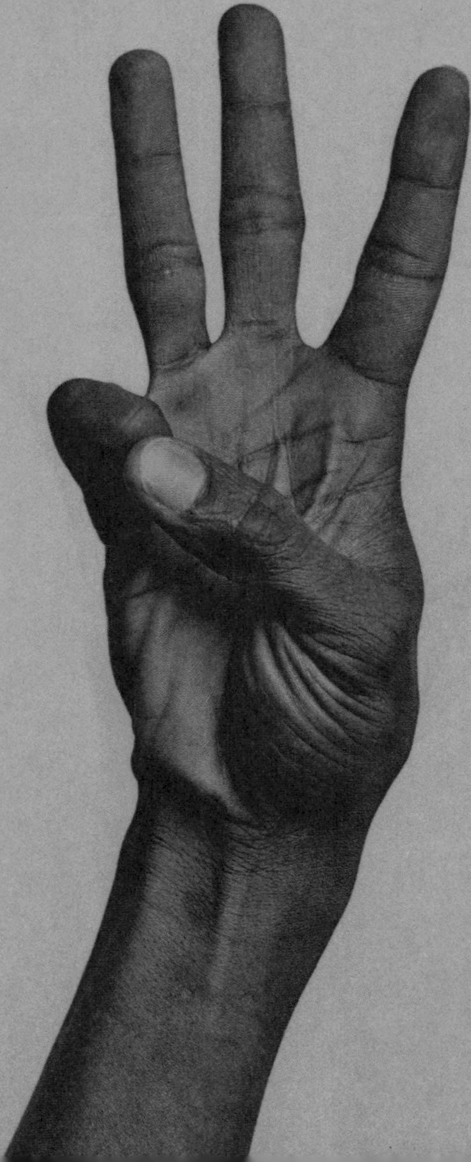

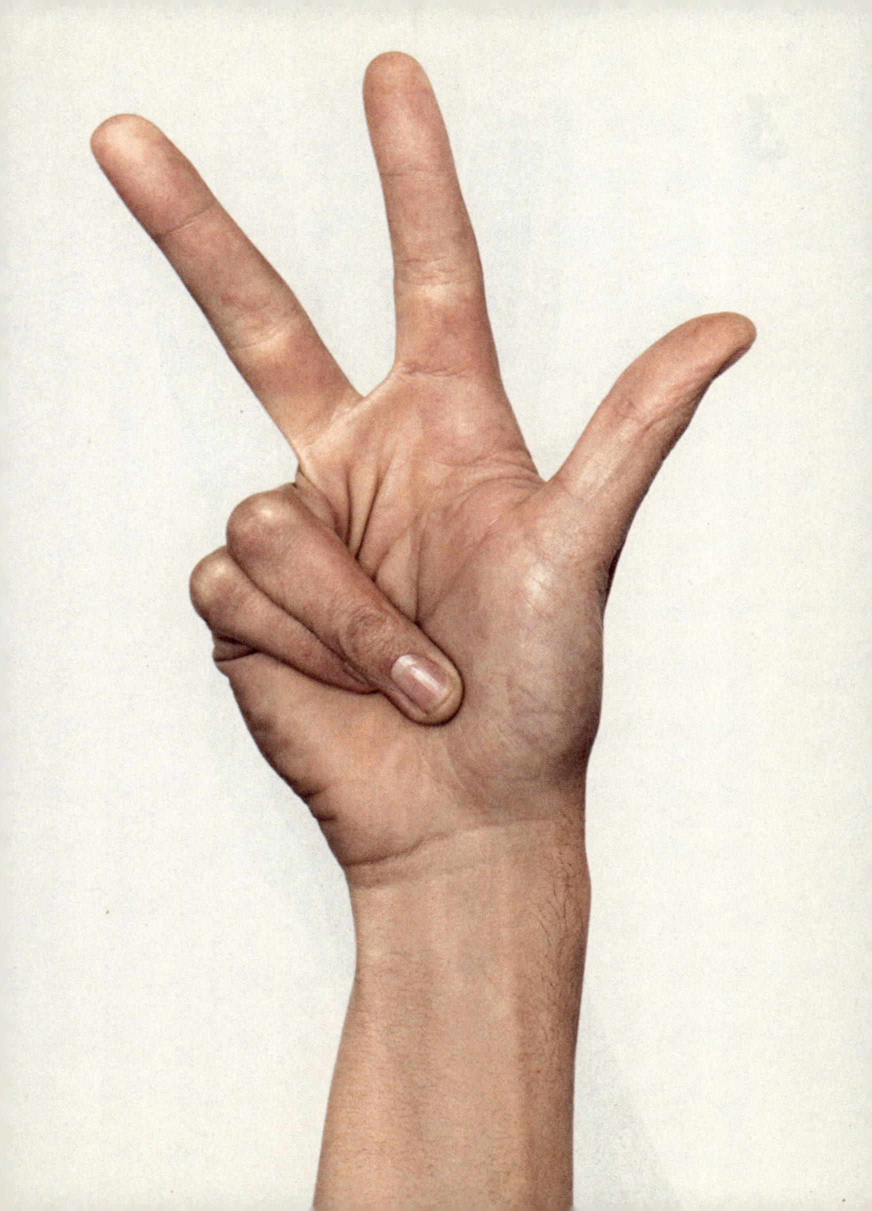

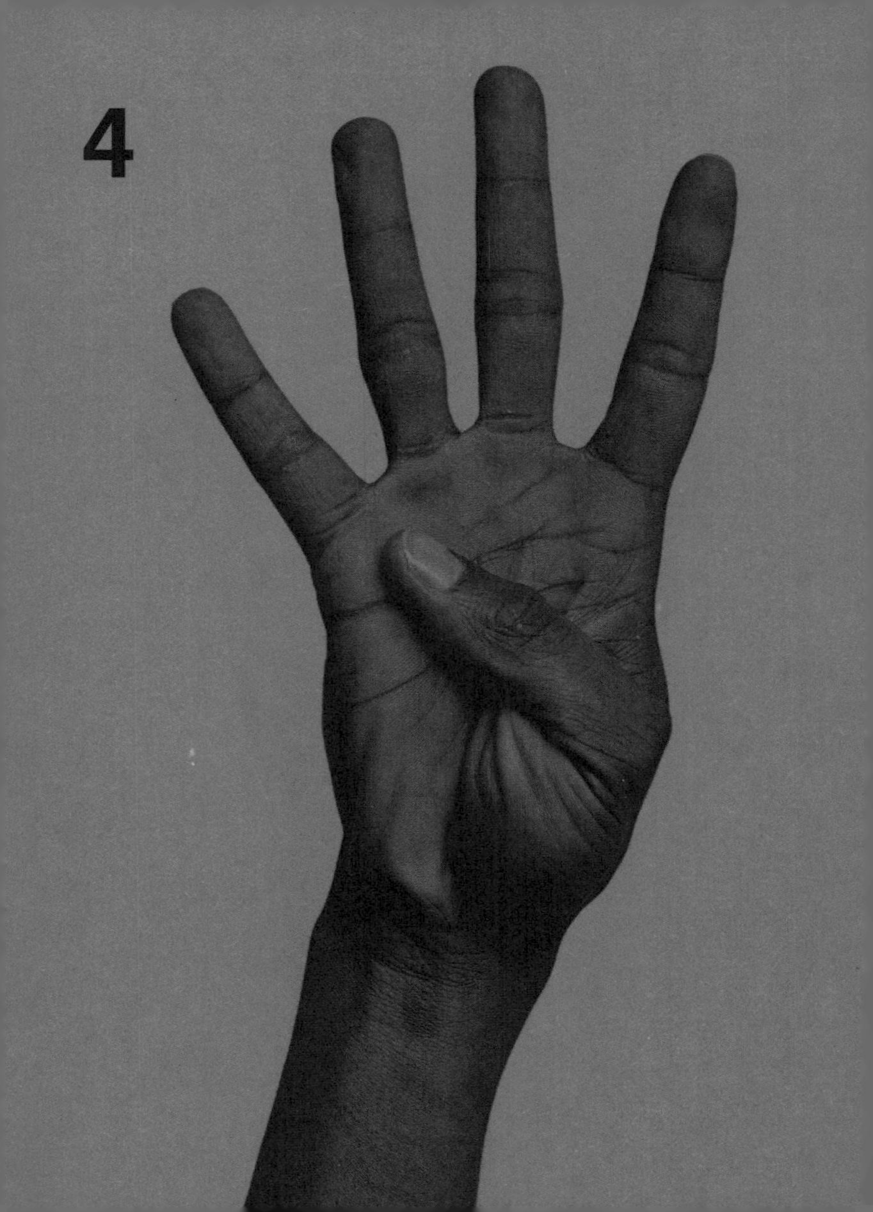
4

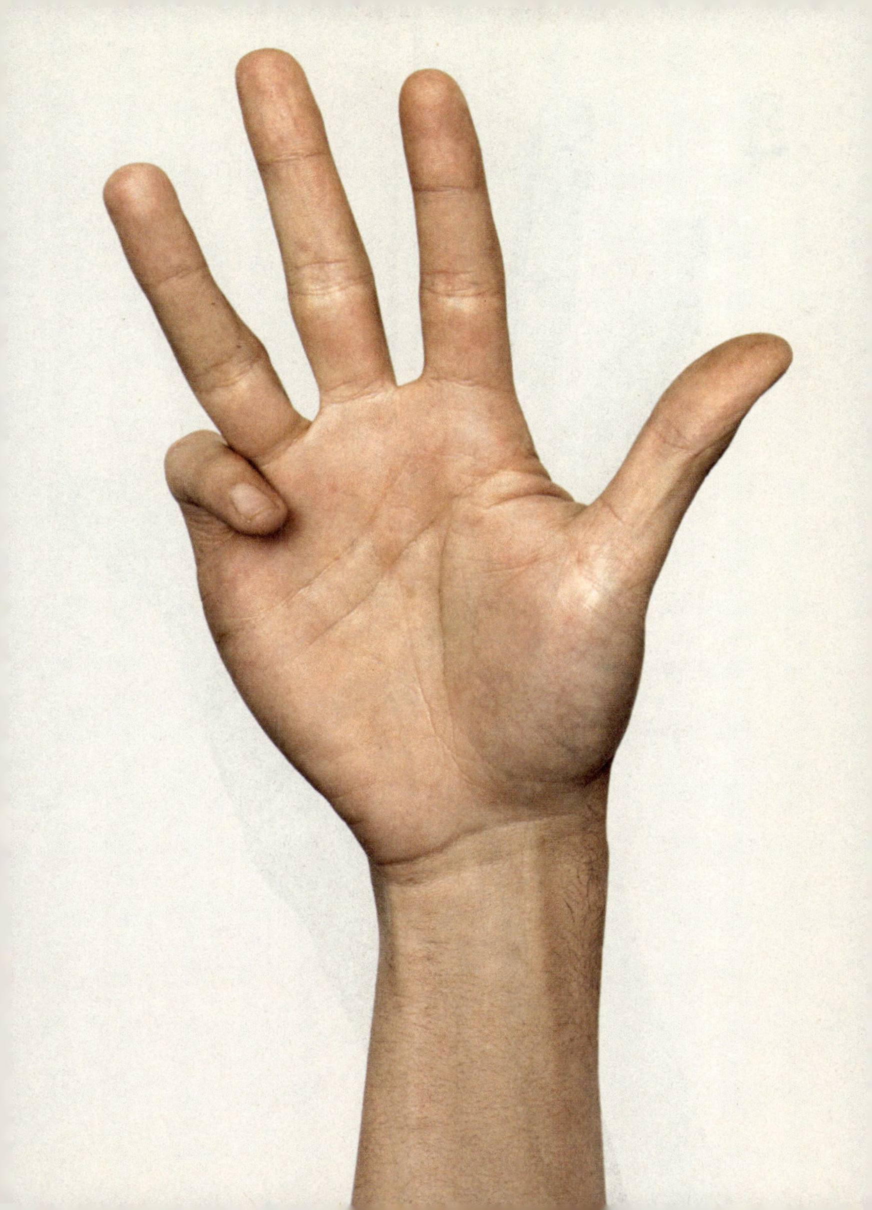

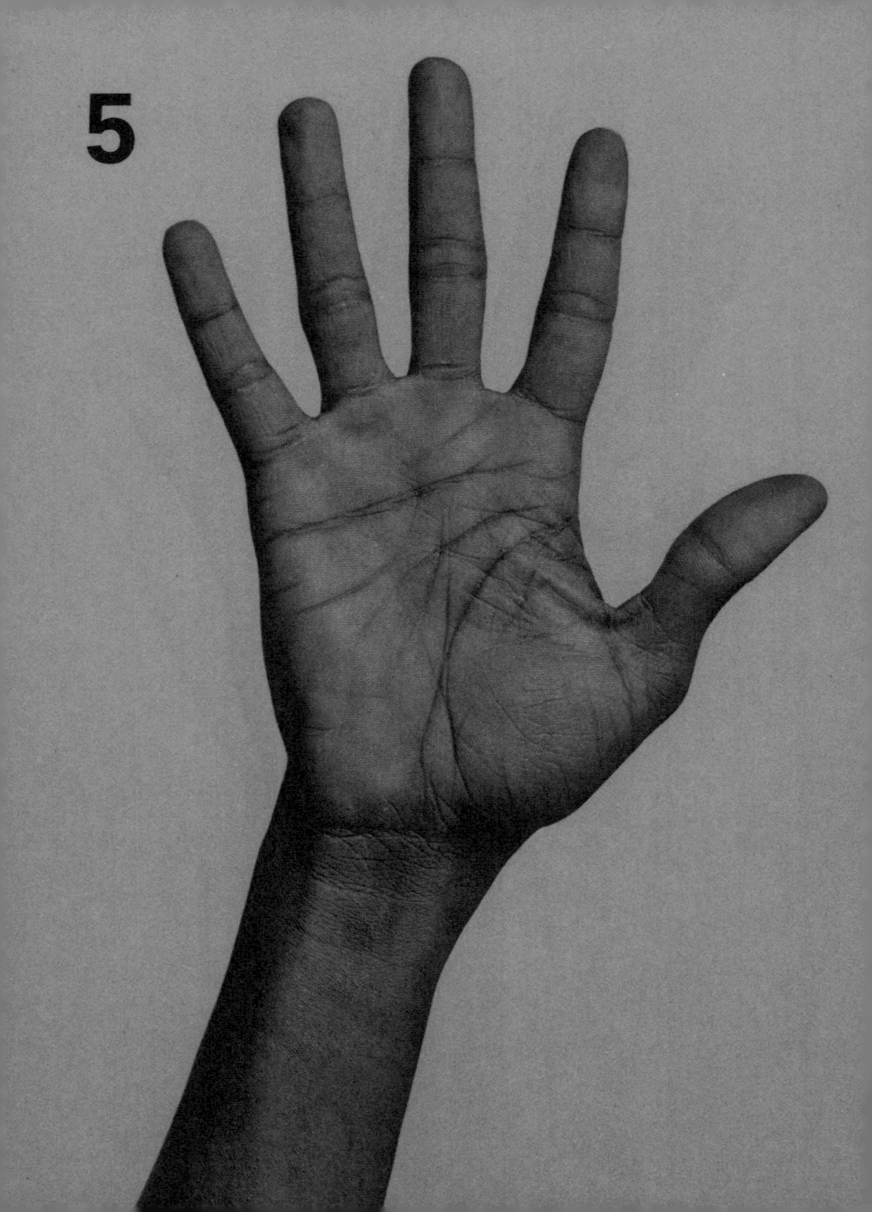
5

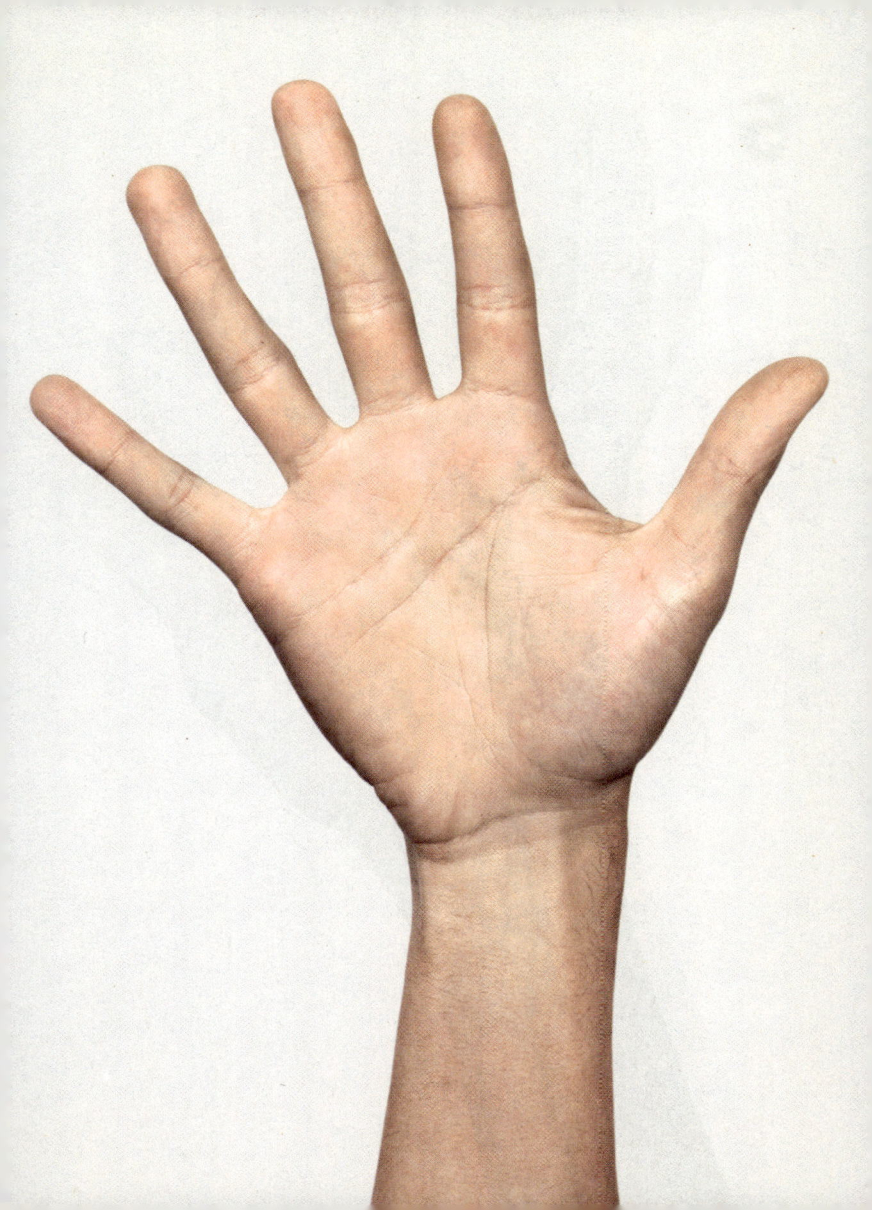

6

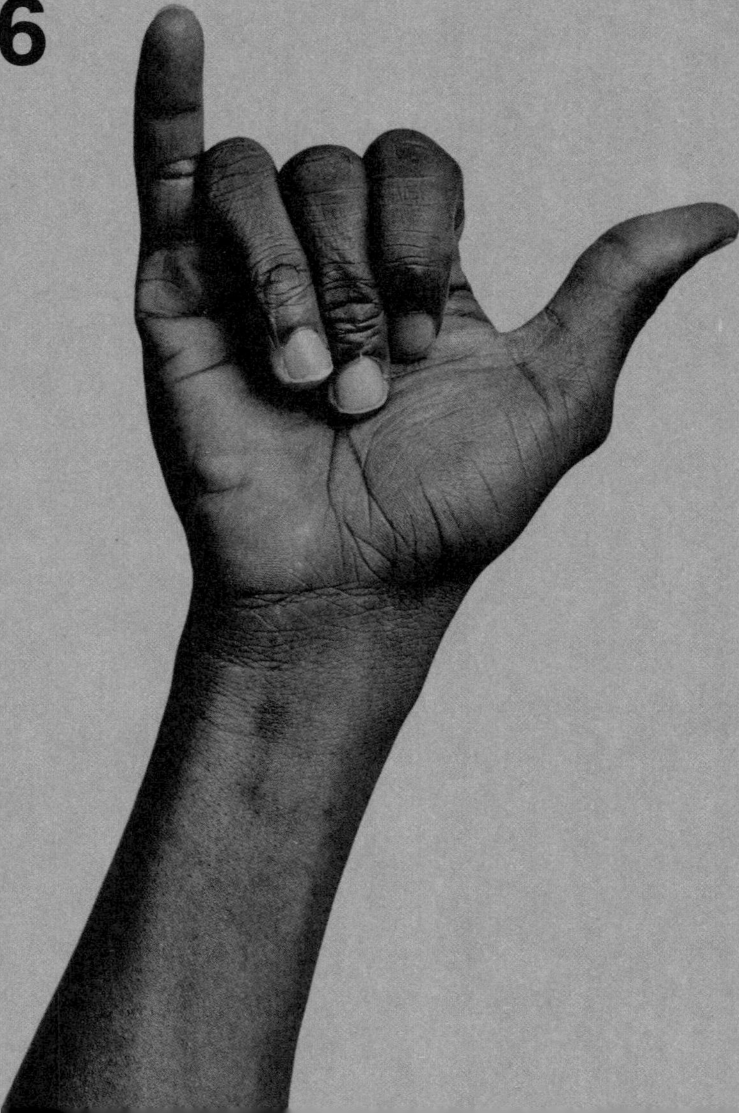

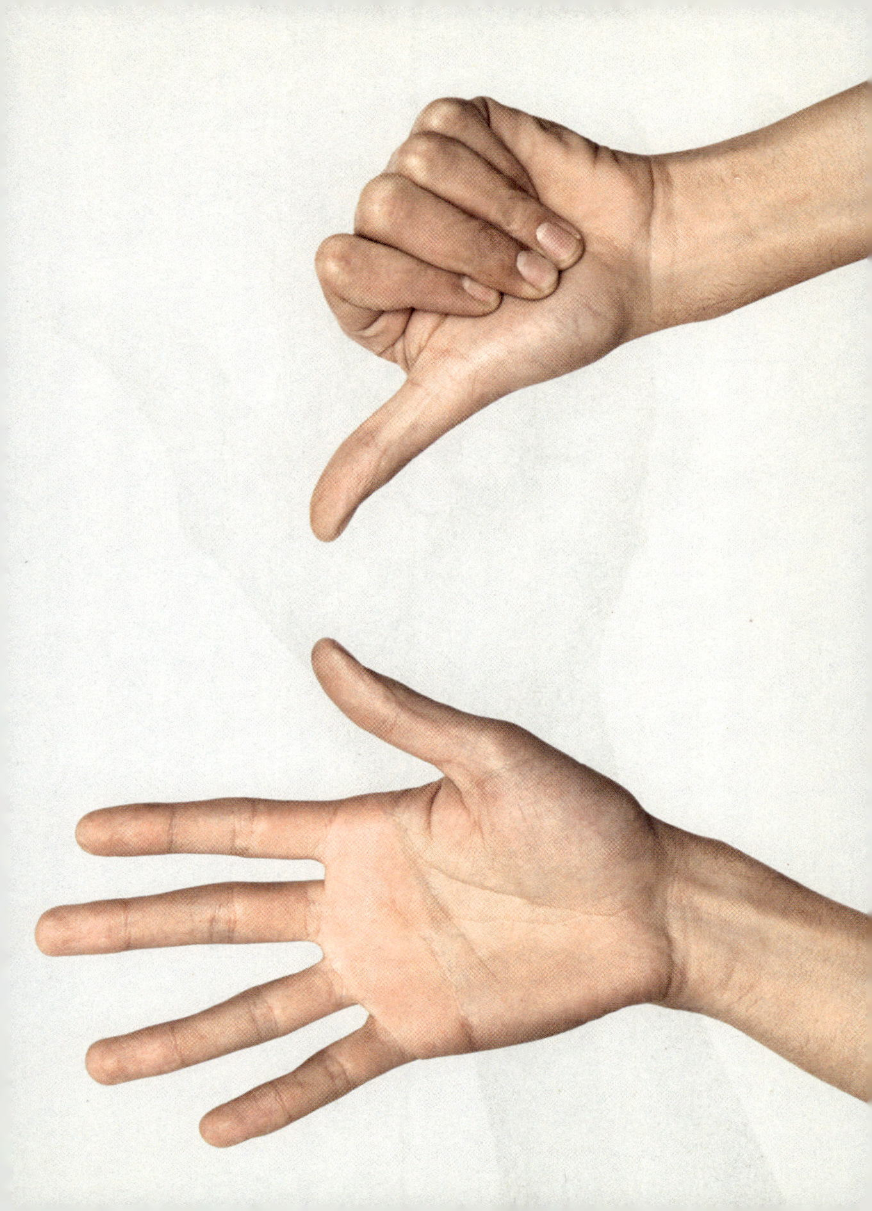

7

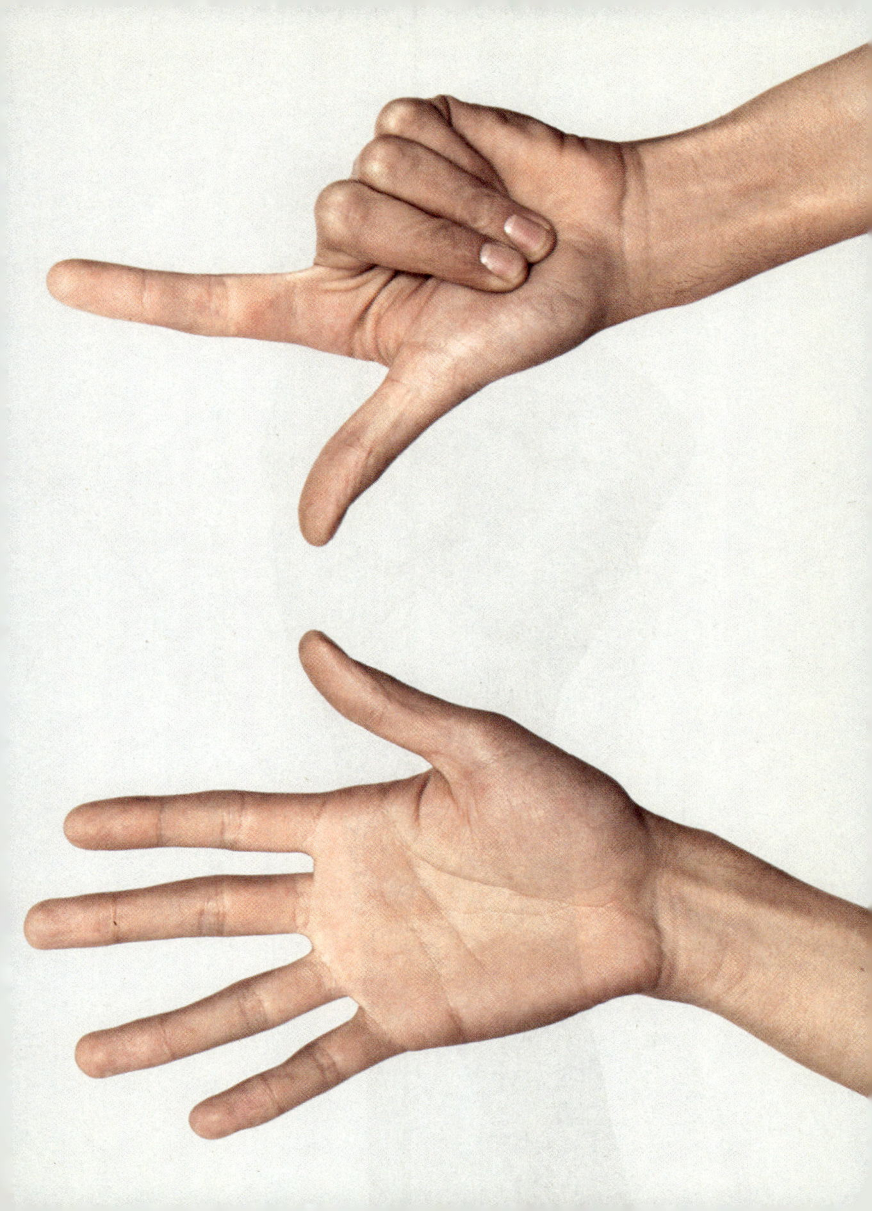

8

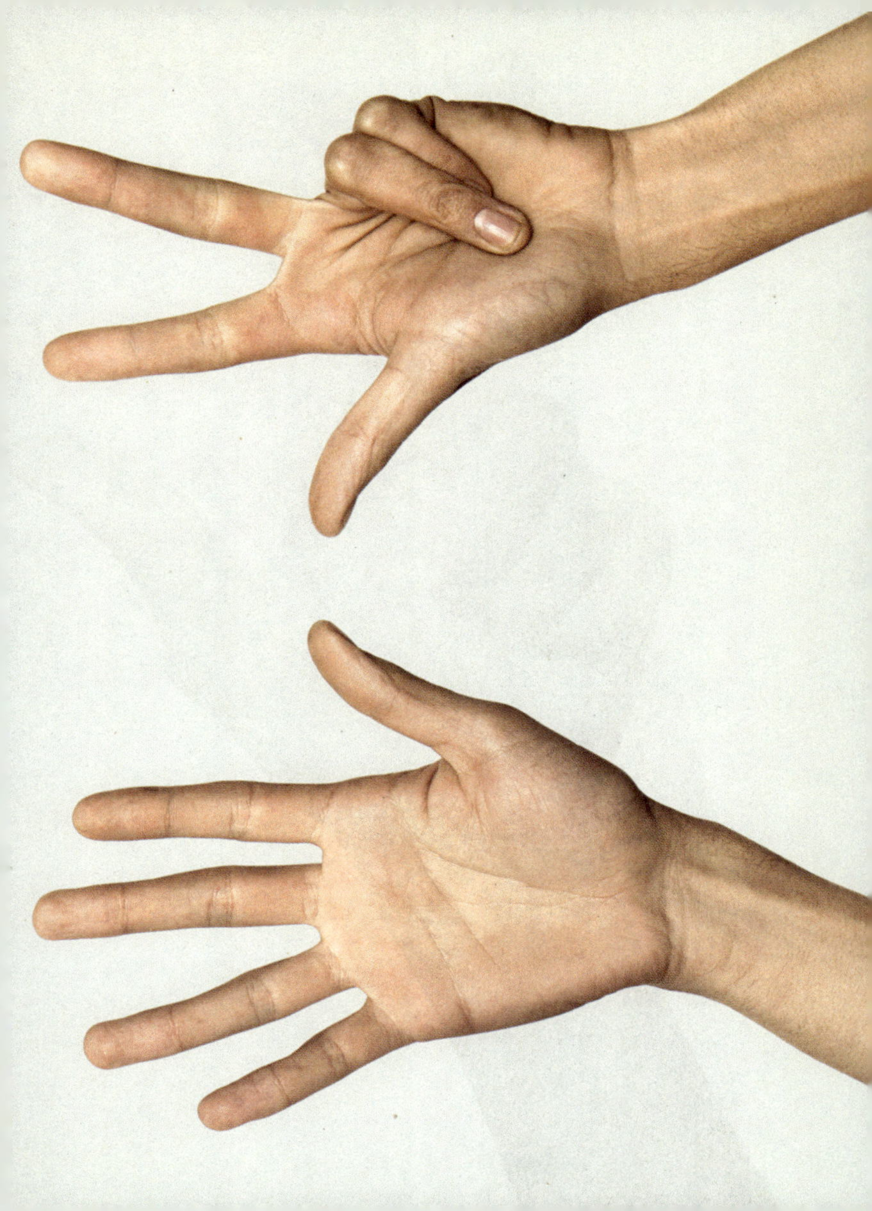

9

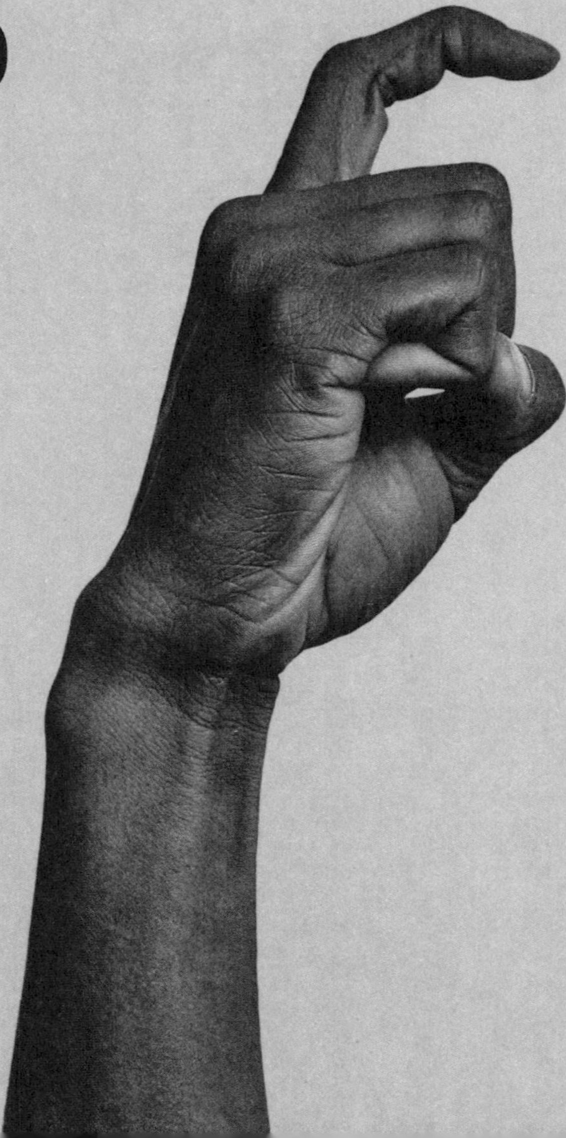

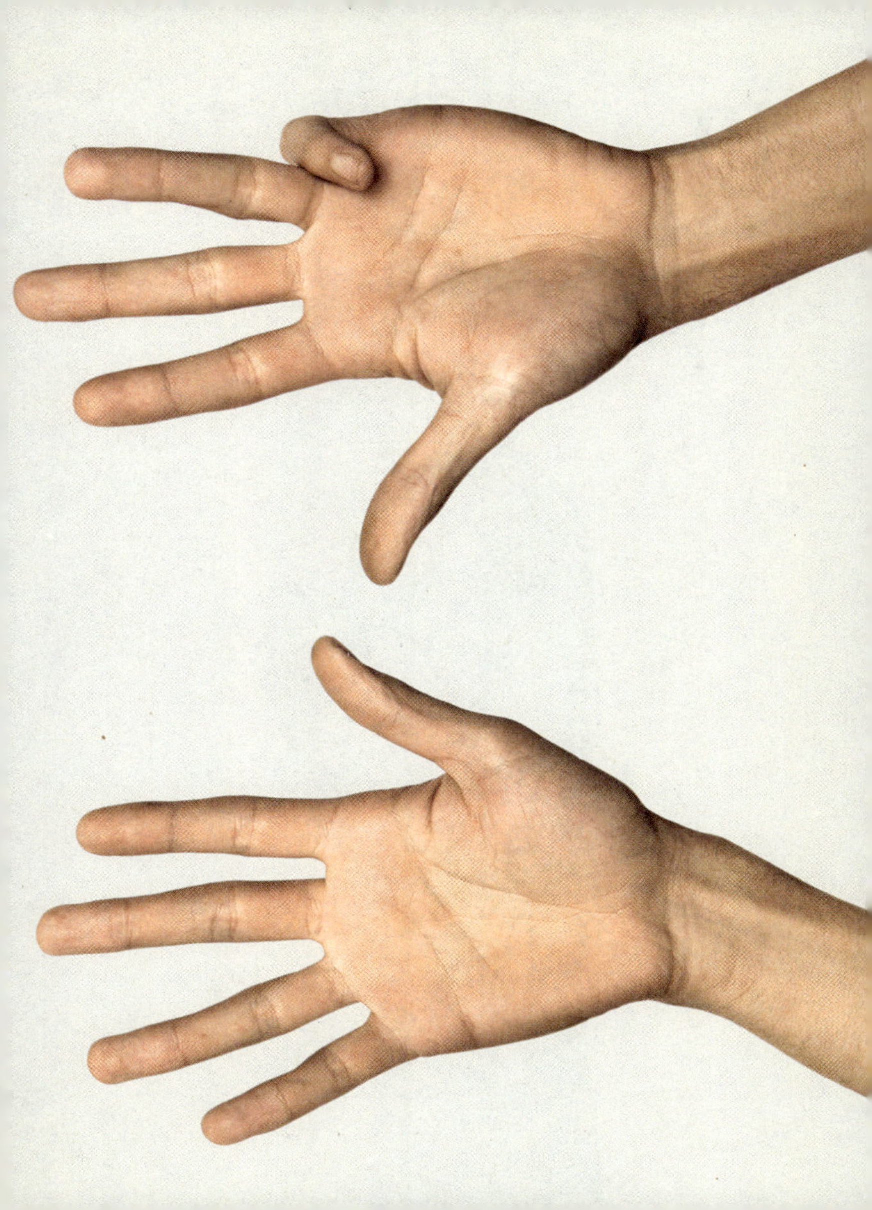

10

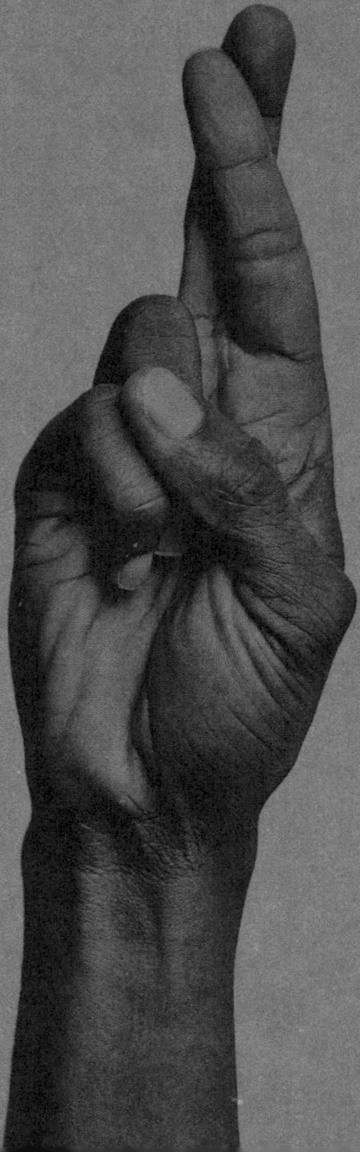

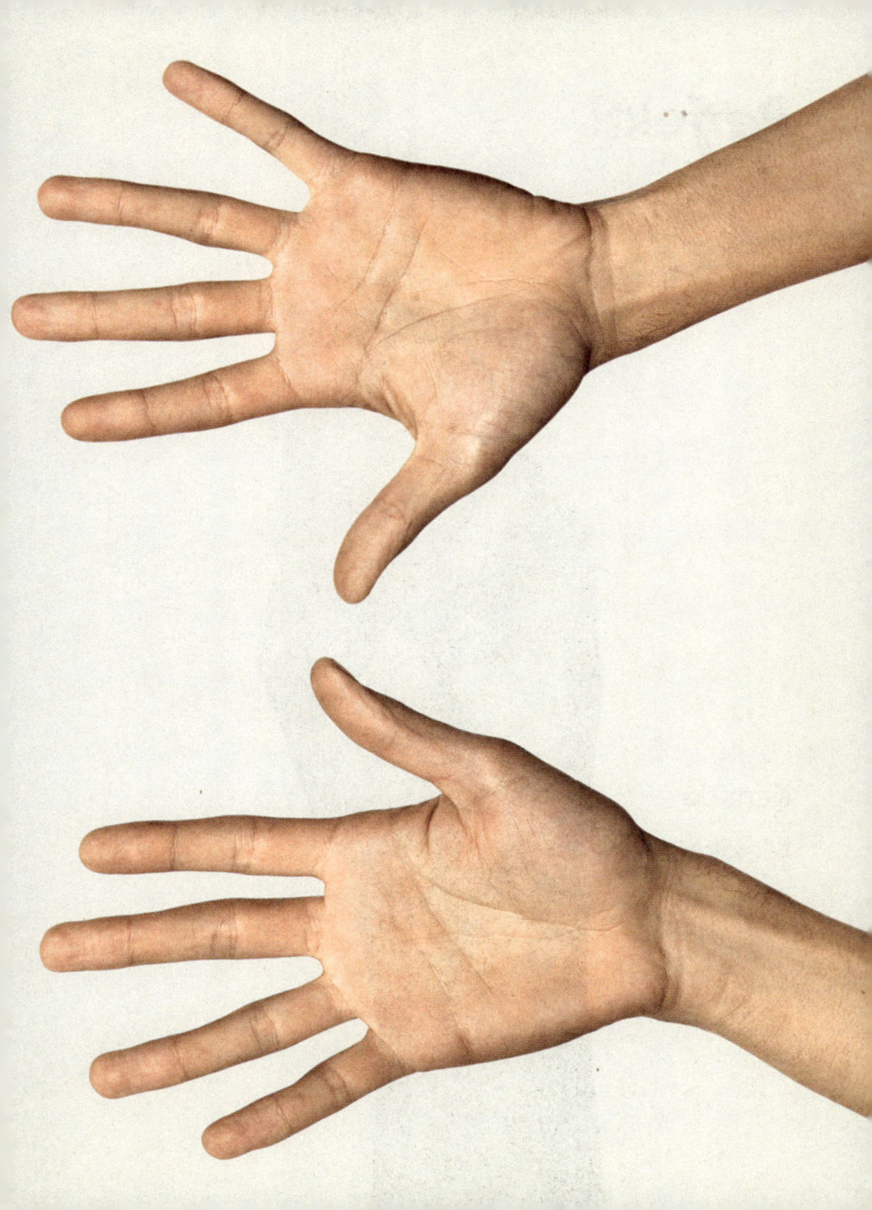

Perfekt!

Kanada

Mexiko

Schweiz

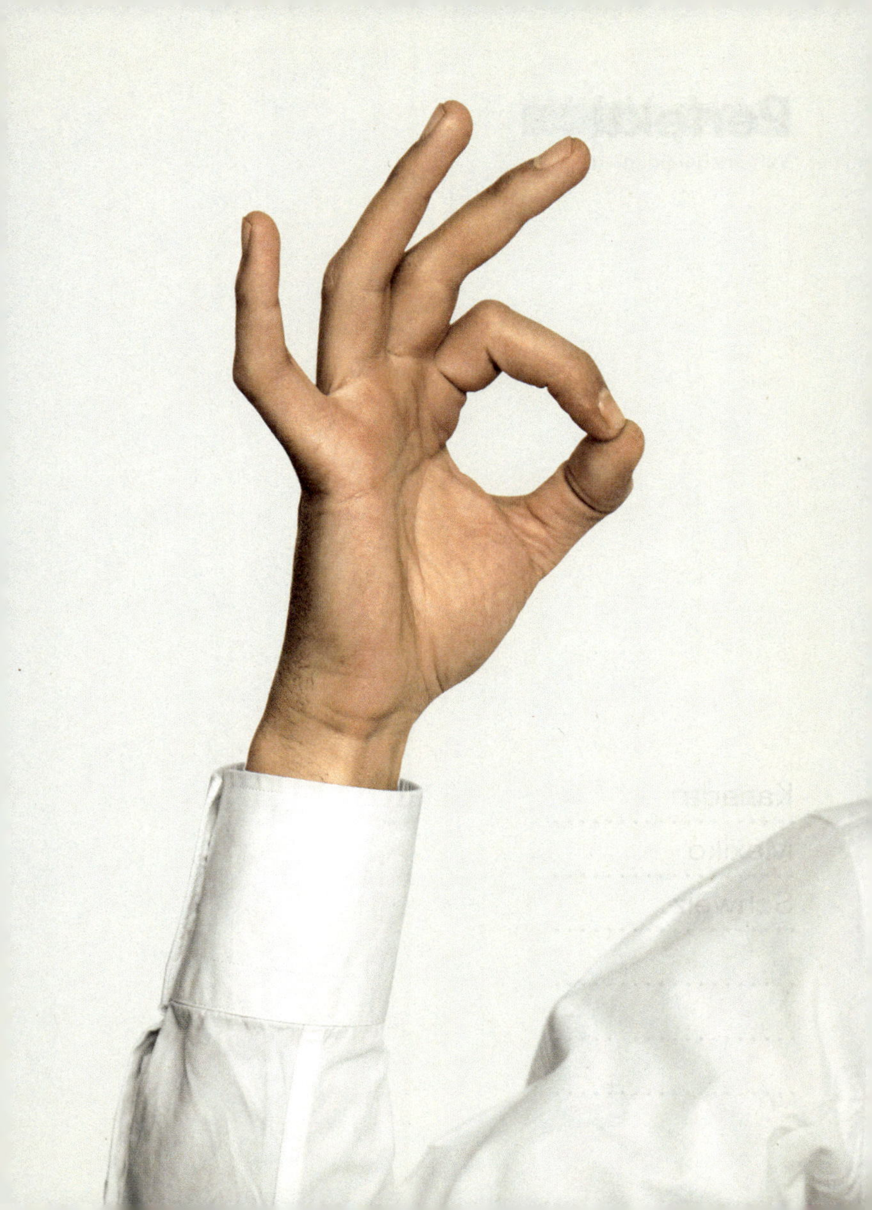

[redacted]

*Vulgäre Beleidigung

Brasilien

....

....

....

....

....

....

Mir steht's bis hier!

Wörtlich übersetzt heißt diese Geste: „Er/sie/es hat mich bis zum letzten Haar." Sie kann sich auf Personen, aber auch auf Situationen beziehen. Blicken Sie genervt, und ziehen Sie mit kleinen schnellen Rucken an Ihrem Haar.

Kuba

....

....

....

....

....

....

Alles cool!

Jedes Mal, wenn US-Präsident Barack Obama seinen Heimatstaat Hawaii besucht, häufen sich wieder die Pressefotos, die ihn mit der traditionellen Begrüßungsgeste zeigen, dem so genannten „Shaka“. Wir sind begeistert, ein Hawaiianer, der auf Hawaiianisch grüßen kann! Und weil die Geste der Inbegriff des entspannten Lebensstils ist, hebt auch die weltweite Gemeinde der Surfer und ihrer Fans gern die Hand zu diesem Gruß.

Hawaii (USA)
....
Australien
....

....

....

....

....

Lass uns telefonieren!

Italien
....
Nigeria
....
Portugal
....

....

....

....

Was für ein Geizkragen!

Brasilien

....

....

....

....

....

....

[redacted]

***Vulgäre Beleidigung**

Niederlande

Türkei

Stopp!

China

. . . .

Deutschland

. . . .

Sudan

. . . .

. . . .

. . . .

. . . .

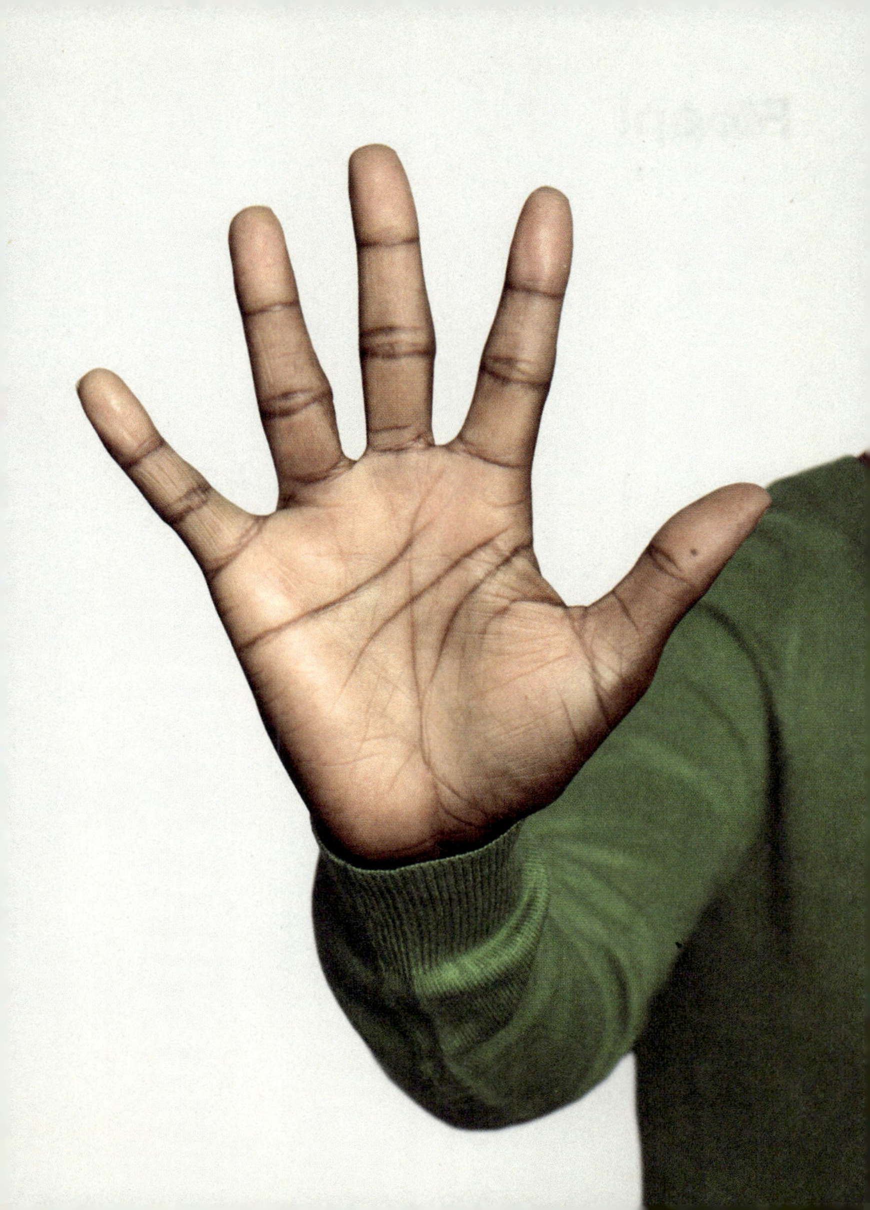

Fünf.

Japan

Spanien

USA

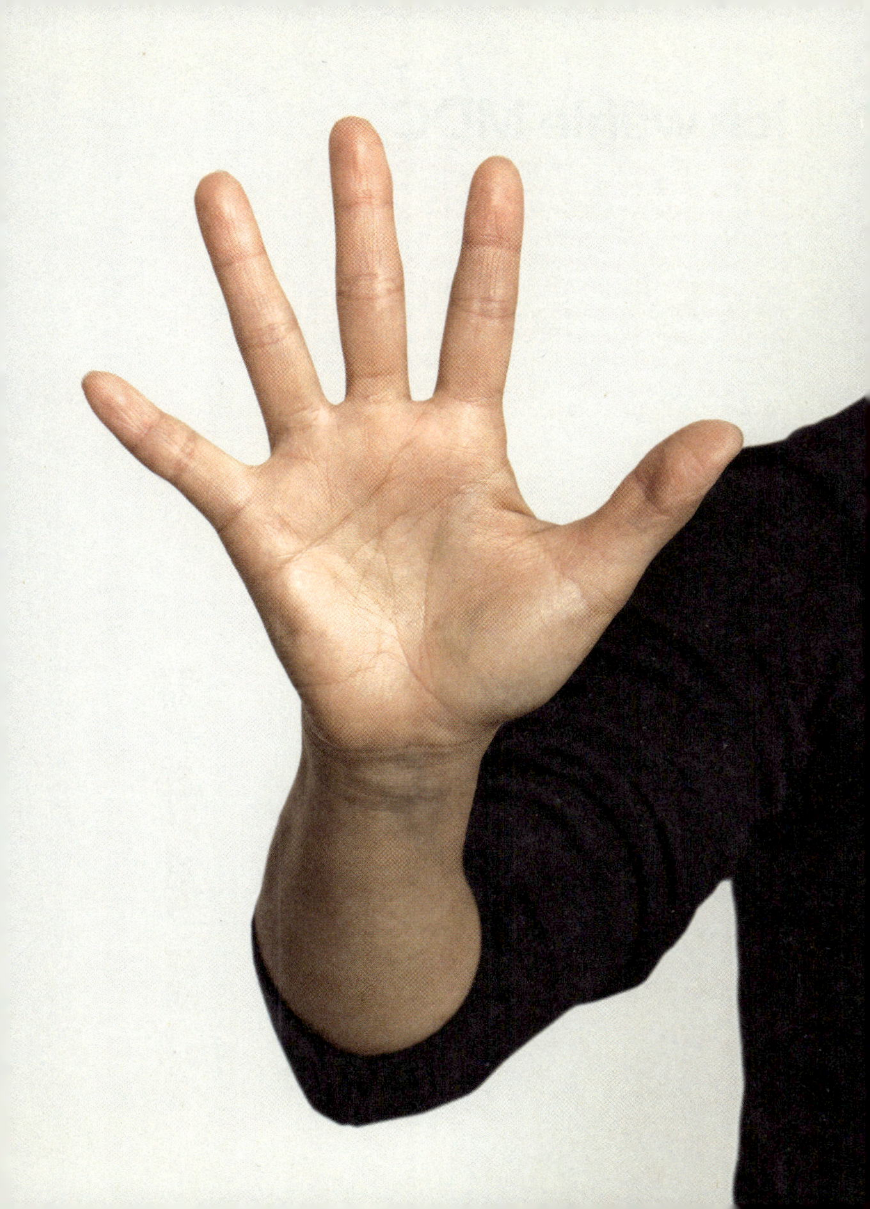

Ich wähle MDC.

Die flache Hand ist das Erkennungszeichen der politischen Partei „Bewegung für demokratischen Wandel". Wir bezeichnen sie mal weiterhin als größte Oppositions-partei Zimbabwes, obwohl sie im Jahr 2008 nach unfreien Wahlen die unfreie Wahl getroffen hat, zusammen mit der Partei des herrschenden Diktators Robert Mugabe eine „Regierung der Einheit" zu bilden. Mugabes Anhänger heben übrigens die Hand zur geballten Faust.

Zimbabwe

....

....

....

....

....

....

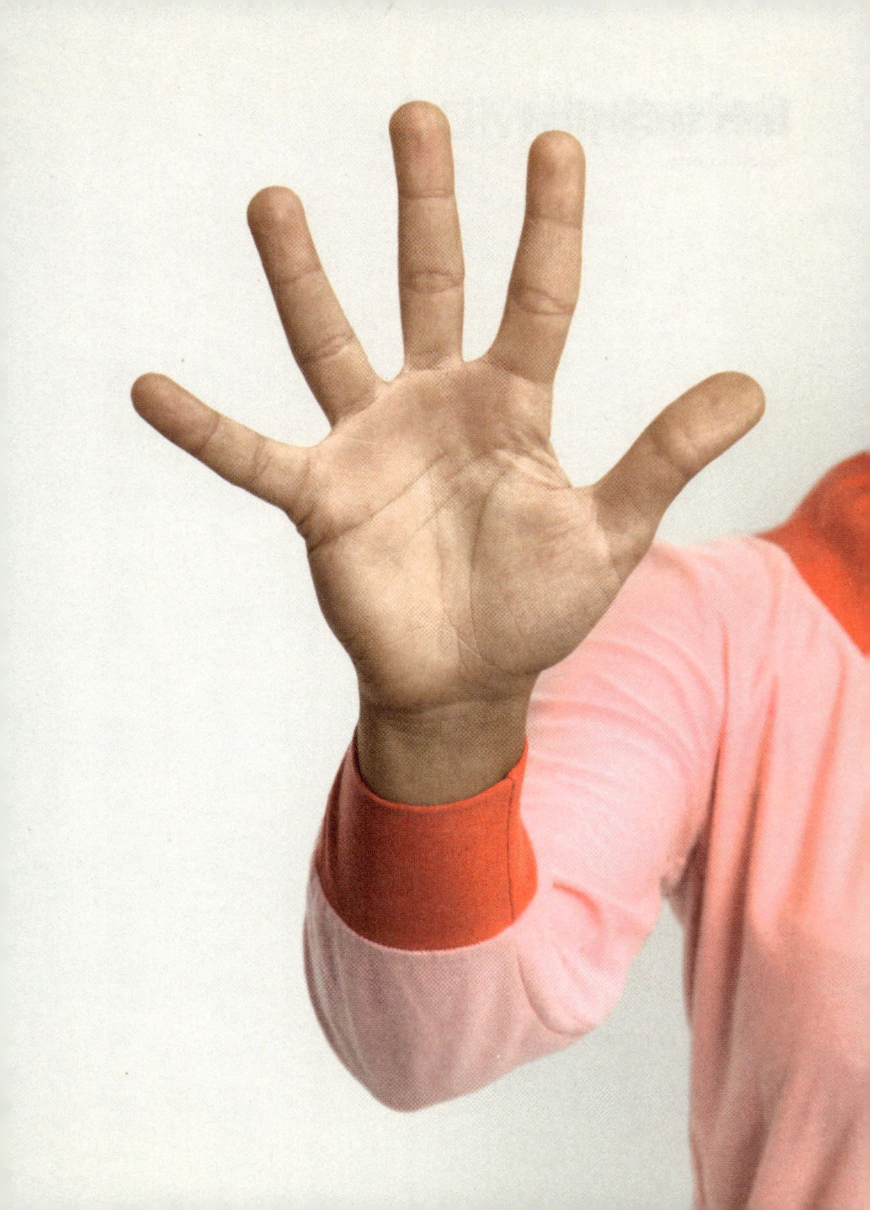

[redacted]

*Beleidigung

Griechenland

Zypern

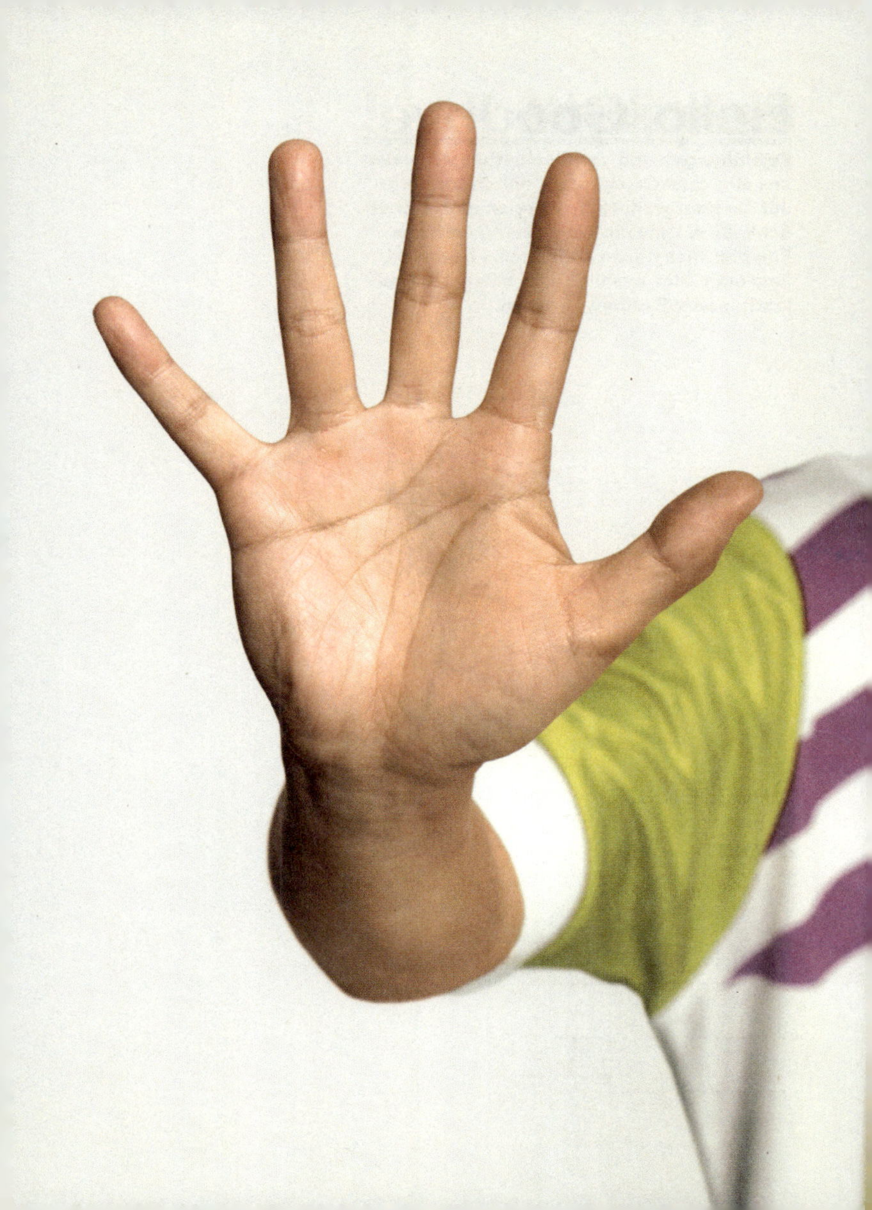

Hello, Goodbye!

Begrüßungen und Verabschiedungen bieten uns eine gute Gelegenheit, neben Ländern auf ein paar weitere Kategorien einzugehen. Schließlich kann die Wahl einer Geste zum Beispiel auch davon abhängen, ob jemand jung oder älter, weiblich oder männlich, Großstädter oder Dorfbewohner ist.

Eher Männer

....

....

....

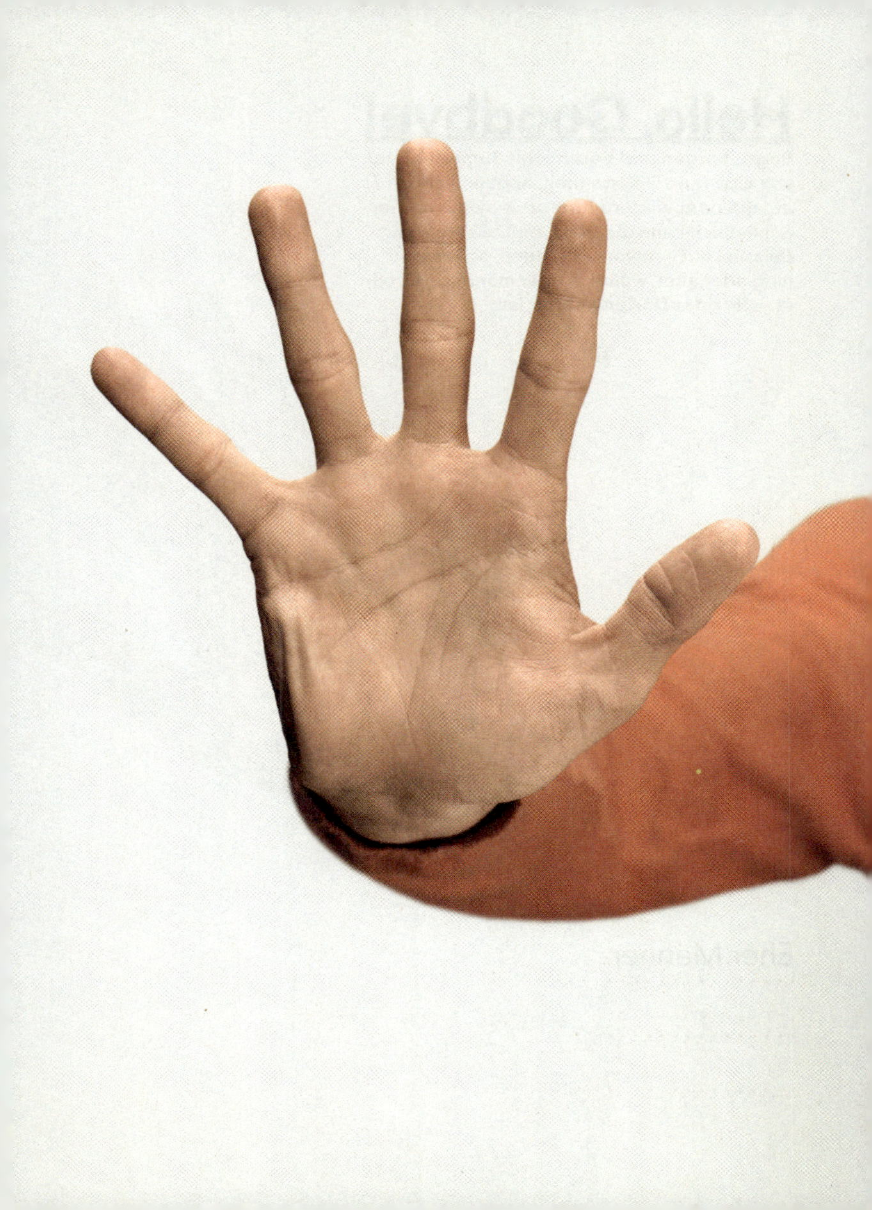

Hello, Goodbye!

Männer und

Frauen

Hello, Goodbye!

Eher Frauen

. . . .

. . . .

. . . .

Hello, Goodbye!

Alles eine Frage der Perspektive. Für Deutsche ist nur ein fester Händedruck ein guter Händedruck. Das, was zum Beispiel Kongolesen machen, würden Deutsche schlaff und saftlos nennen. Umgekehrt halten die Bewohner vieler mittelöstlicher und afrikanischer Länder ihren eigenen Händedruck für vornehm zurückhaltend und den deutschen für aggressiv und ungehobelt.

....

....

....

Hello, Goodbye!

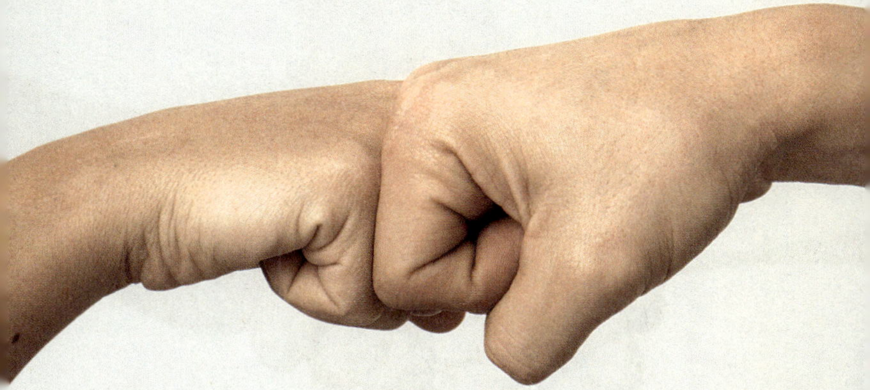

Jugendliche

Berufsjugendliche

Hello, Goodbye!

Vulkanier

Star-Trek-Schwärmer

Hello, Goodbye!
Indien

Danke!

Die auf Brusthöhe gegeneinander gepressten Hände werden fast inflationär in der Entertainmentbranche benutzt. Hollywoodstars, Musiker und Literaten demonstrieren ihrem Publikum mit dieser Geste gern ihren Hang zu spirituellem Leben und Bescheidenheit. Das soll wohl sympathisch wirken, und vergrößert im besten Fall die Fangemeinde.

Deutschland

Südafrika

USA

Danke!
Frauen in
Zimbabwe

Danke!
Männer in
Zimbabwe

Danke!
Kenia

Danke!

Wir danken
Ahmed Bakhit, Karim Bakhit, Marcus Bensmann, Veronica Blejman, Nana Boateng, Gordian Blumenthal, Clemens Bomsdorf, Christiane Büld Campetti, Ramun Capaul, Margarita Buy, Amanda Carrillo, Nebojsa Catic, Shimmer Chinodya, Kyung-Hwa Choi-Ahoi, Adu Douglas, Azadeh Fathali, Amanda Fernández, Rodrigo Garcia, Flavia González, Philipp Greiner, Jutta Große, Peter Große, Roland Hagenberg, David Hancock, Katarina Hedrén, Lien Heidenreich, Christian Jarosch, Julica Jungehülsing, Wim Kablukow, Hiroko Kameda, Maria Kante, Sultan Karimi, Ruth Kinet, Kilian Kirchgeßner, Ruth Kirchner, Babacarr Konte, Matthias Krause, Barbara Markert, Juno Meinecke, Lee Middleton, Eleni Mouzourou, Hilja Müller, Joseph Mutepfa, Karen Naundorf, Gladys Njoroge, Akin Omotoso, Nicolas Osorno, Mathias Ospelt, Michael Pahlich, Britta Petersen, Ekaterina Petrova, Laure Poinsot, Nadja Quante, Karin Reinprecht, Anna Reker, Anke Richter, Letitia Sala Ngielo, Christina Schott, Julia Schröder, Kerstin Schweighöfer, Sifiso Seleme, Sandra Slim, João Sousa, Birgit Svensson, Margareta Svensson, Jürgen Stryjak, Katarzyna Szydlowska, Janis Vougioukas, Panagiotis Vougioukas, Weltreporter.net, Merten Worthmann, Martin Zöller.